JN079530

みどりの空間学

36のデザイン手法

Between architecture and landscape

著・古谷 俊一

学芸出版社

まえがき

　「古谷さんのところは建築とランドスケープ両方ができるアトリエとして希少ですよね」と多くの方々に言っていただける。そのように至った経緯は過去の経験によるものなのかもしれない。

　東京都中央区で生まれ千葉県船橋市の新興住宅地で幼少期を過ごした私は成人した頃、みどりと界隈性のある暮らしを求め東京都台東区谷中に転居をする。そこで書中にも登場する「花木屋」さんで初めて植物を購入し、みどりの空間づくりがスタートした。

　ゴルフ漬けの学部生時代、参加した古建築実習で様々な建築と庭の関係性を見て、それまでなんか難しいなと思っていた建築理論が氷解し、素直にこういった内外の関係が曖昧なものをつくりたいのだなと気付かされるに至った。念願の石山修武研に入りもがいた大学院時代。建築史の講義で園城寺勧学院離宮書院にある濡れ縁一本柱の周囲に「揺蕩う空間」があるという言語化に接し衝撃を覚える。就職をしたIDÉE（当時はインテリアの販売・デザインまで手掛けていた）では店舗空間そのものをつくってほしいという要望に応えるため、家具、インテリア、建築、庭と通貫してものづくりに励む中、建築が主で他はそれに従うものという概念は薄れ、家具を考え、庭のみどりを考えた結果、空間（建築）が立ち現れるという感覚を身につけた。その後、まちづくりにつながる事業計画・設計・運営を一挙に行うUDSに移り、IDÉEで得た考え方を実際のまちに拡大実装するための実践的なノウハウを学んだ。肩身の狭いみどりやデザインを懲りずに提案し続けた結果、みどりにおける資産価値の向上や環境貢献を言語化し、みどりの空間づくりに投資してもらう手法を学んだ。それらの経験を活かし独立。現在まで多くのみどりの空間づくりに携わらせていただいている。

　これからご紹介する事例は自作も含め、私が関係性の未来を感じる事例である。それらはみどりの空間が生む見えない価値が状況をつくり、モノ、コトすべてを包み込み、ずっとここにいたいと思う親密性が獲得されている。

　章立ては、みどりを建築やまちづくりに活かし、みどりの空間をつくりたい！と考えている方々にとって実務的であるように考えたつもりである。本書がそうした方々の一助となれば幸いである。

古谷　俊一

CONTENTS

1／内と外の関係をつくる

1. 居場所をつくる

2. 人と場所との関係をつくる

3. 人を引き込む

3／建築化する

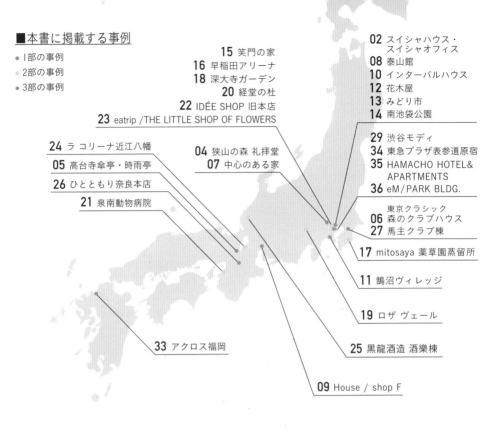

■本書に掲載する事例

- 1部の事例
- 2部の事例
- 3部の事例

15 笑門の家
16 早稲田アリーナ
18 深大寺ガーデン
20 経堂の杜
22 IDÉE SHOP 旧本店
23 eatrip /THE LITTLE SHOP OF FLOWERS

24 ラ コリーナ近江八幡
05 高台寺傘亭・時雨亭
26 ひとともり奈良本店
21 泉南動物病院

04 狭山の森 礼拝堂
07 中心のある家

02 スイシャハウス・スイシャオフィス
08 泰山館
10 インターバルハウス
12 花木屋
13 みどり市
14 南池袋公園

29 渋谷モディ
34 東急プラザ表参道原宿
35 HAMACHO HOTEL& APARTMENTS
36 eM/PARK BLDG.

東京クラシック
06 森のクラブハウス
27 馬主クラブ棟

17 mitosaya 薬草園蒸留所

11 鵠沼ヴィレッジ

19 ロザ ヴェール

25 黒龍酒造 酒樂棟

33 アクロス福岡

09 House / shop F

28 名護市庁舎

30 ホテルムーンビーチ

Bay of Bengal

Sri Lanka

03 Raffles Hotel Singapore
31 Gardens by the Bay

32 Heritance Kandalama

01 Lunuganga

Singapore

7

create relationship

内と外の関係をつくる

1. 内と外をつなぐ
2. 緩やかに囲む
3. まちにひらく

01 / 景色を呼び込むテラス空間

Lunuganga（スリランカ・ベントタ）
— Geoffrey Bawa

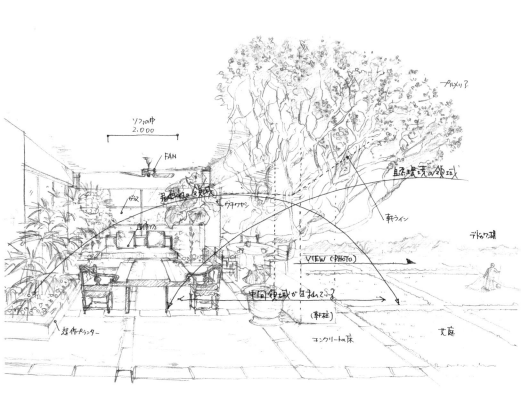

アマングループのリゾートデザインや、近年のホテルデザインに影響を与えるジェフリー・バワが晩年期を過ごした庭園住宅である。イラストのスペースはソファやダイニングテーブルなどの設えにより室内のイメージを与えるものの、周囲の植栽ますに植え込まれたウチワヤシやソファ背面のFIX窓から見える外部のみどりにより、室内のようでありながら屋外の東屋のような気が休まる空間がつくられている。このメインハウスと湖の間には芝庭が広がり、手前にプルメリアの大木が何本か植え込まれている。この大らかなプルメリアの樹冠が建築の軒を延長するように成長し展開しており、建築の内部空間が外部に対して手を伸ばしているような効果をつくりだしている。

1

広大な庭園の中にいくつかの建築物と東屋的な空間が散在する。写真はデドゥワ湖を背に見たメインハウスの半屋外リビングである。天井高さ2.7m、柱間およそ5mが連なる空間である。前面の広大な芝庭にはプルメリアの大木が建築に寄り添い、おおらかな平屋の傾斜屋根が周辺のみどりと呼応している。そうして軒下の空間は緩やかに外部と繋がっていくのである。

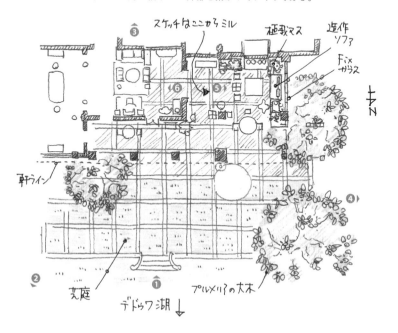

2 デドゥワ湖を見通す高木の樹間に居場所をつくる設え。スチールの外部家具が領域を示す。

3 ゲートハウス。外部階段はみどり深い周辺環境を取り込む大きなアルコーヴとなっている。

芝生のマウンドとつながるテラス。「キッチンベランダ」と称される建物。

5 スケッチの空間。ウチワヤシから透かし見える外光が昼間の照明器具のよう。

6 イラストの視点より振り返ったシークエンス。開口部が制限され、室内化する。

訪れたのはもう10年も前になる。そのとき進行していたあるプロジェクトの参考例に是非見に行って欲しいといわれたのがきっかけであった。拝見したいくつかのバワ作品の中で極めて外部性の高い、みどりと建築の桃源郷だ。庭は丁寧に管理され、フレッシュな青々とした芝と経年変化した白いいくつかの建築とのコントラストはまさにその双方を引き立て、関係性を高い次元で昇華させている。内と外の関係を語るとき、真っ先に瞼の裏に浮かぶのはこのルヌガンガ・メインハウスの情景なのである。

02 / 農園の中の連棟長屋

スイシャハウス・スイシャオフィス（神奈川県川崎市）
― 古谷デザイン建築設計事務所

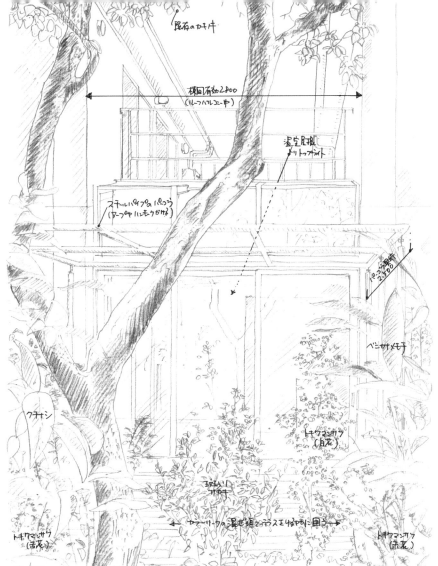

溝の口の大きな農園の中にあるテラスハウス型の集合住宅である。写真はLDKよりテラスを介して斑入りマサキやベニカナメモチ、グミギルドエッヂなどで構成された混ぜ垣や農園のカキノキやキンモクセイを見通す様子である。イラストは同じ場所を外から見た様子である。外部のみどりを室内に積極的に取り込むためにトップライトと一体型のサッシ、いわゆるコンサヴァトリーとテラス及び鉄パイプのパーゴラ、2階のルーフバルコニーなどが一役買っている。一方でサッシがみどりの景観を積極的に取り込むため、住まい手はパーゴラに日除けを施すなど工夫をしてテラスも室内と同等に活用することをイメージしている。このようにみどりが中に入り、人が外に出る関係をつくることが親密性を増大させる。

1

敷地は、蔵と古民家及びそれらを大きな樹木と農園が取り囲んでいる状態にあった。計画はオーナーの思いに寄り添い、土地の記憶を伝える蔵や大木(ケヤキ、ユリノキ、ヤマモモ、キンモクセイ、ヒバ、メタセコイヤ、モミジ、マツ、ハクモクレン、ウメ、ツバキなど)はすべて残し、そっとお邪魔するように賃貸住宅と農作業小屋を一体で新築している。既存蔵に同調するようなボリュームとし、それぞれの隙間に風や光やみどりを呼び込むような設計となっている。1番奥の棟は母屋と農園に接する農作業小屋である。

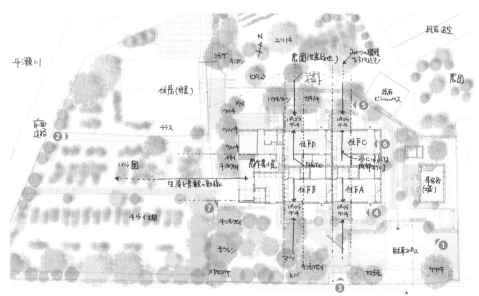

俯瞰写真。農園と樹木を一切いじらず、既存のみどり環境の中にそっと建築を据え置いた。

前面道路より全景を見る。フェンスを木塀に更新。キンモクセイなどの既存樹が道路の喧騒を緩和する。

南側の住戸を見る。混ぜ垣によりテラスを緩やかに囲む。既存のキンモクセイなどと合わせてみどりの層をつくる。

北側の住戸を見る。北側の農園の雰囲気を呼び込むようにパーゴラとテラスが伸びる。

北側の住戸の中から見る。温室のサッシを天井まで伸ばすことで、一層外部環境を引き込む。

既存のツバキに囲まれた農作業小屋のコンサヴァトリー空間。ここで収穫した野菜を乾燥させたりする。

農園の再編の依頼を受けた我々は、オーナーが趣味で育てているバラや季節の草花とともに、こだわりの農作物が育てられている景色を目にすることになる。そこには鳥の餌台がそこかしこにあり、愛猫や愛犬が闊歩している幸せな光景があった。そこで我々はみどりに特別な思いを持つオーナーと、生活の支えである農作業と草や樹木を景観とし、そのライフスタイルをお裾分けしてもらえるような賃貸住宅をつくれないかと考えた。かつてこの地には水車が回り、農村の風景としてシンボル化されていたという。灌水や脱穀などの生業を示す水車の回転のように、みどりと建築のリズミカルな景観が時を隔ててそのような存在になれるのだとしたら嬉しい。

03 / 都会の喧騒にたたずむ

Raffles Hotel Singapore（シンガポール）
— R.A.J.Bidwell

シンガポールの旧市街地。コロニアルスタイルの名建築、ラッフルズホテルである。客室前の通路兼バルコニー空間でのアフタヌーンティー。ヤシノキやバナナ、プルメリアなどが大きく茂り、コロニアルスタイルの建築の瓦屋根やアーチ窓、手すりやレリーフなどの曲線と融和するとともに遠くの高層ビルをも景観にしている。折り重なるみどりによって緩和された車の騒音も心地よいBGMとなって緩やかな時間が流れている。骨太な手すりは適度な抜けと共に佇みやすい間をつくり出している。そのトップはテーブルがわりとなってフルーツが置かれ、行為と景観が溶け合っている。

中庭を囲む回廊が客室の入口でありながら、共用テラス化されている。中庭の光はこの中庸なテラ
ス空間を通してガラスの格子窓より室内に入り込む設計になっている。このように中庭→テラス→
コンサヴァトリーのような室内→ベッドルームと段階的に戸外の環境を戸内に柔らかく導いている。

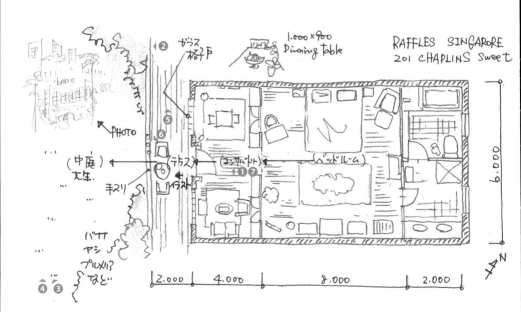

オーガスタがスクリーンとなってまちと
建築と室内を緩やかに繋いでいる。

コロニアルスタイルの白い建築と芝
生のみどりのコントラストが美しい。

高層化された都市の中でも低層のホ
テルと大きく育ったみどりが景観と
居心地の良さを担保している。

2m幅のアプローチ兼テラススペー
ス。軒と手すりで緩やかに中庭の景
観を仕切る。

内外（テラスと外部）の隔ての機能
を持つ手すりがテーブル化している
様子。

たたずめる共用テラスのみどりやひ
かりの環境を室内に呼び込むための
客室外壁。

ラッフルズホテルで最も感銘を受けた特筆すべき空間がこの客室扉を囲っている採光窓
である。中庭に特別なみどりの環境があり、その環境を享受すべく大きな窓があり、一
室一室が大きな庭を抱くガーデンハウスのように自立している。まさに室内を屋外化し半
屋外を室内化するという良い意味での「曖昧空間」を獲得している。この回廊での緩や
かな一時は忘れ難い。

04 / 樹間にたたずみ木々と同調する

狭山の森 礼拝堂（埼玉県所沢市）
— 中村拓志＆NAP建築設計事務所

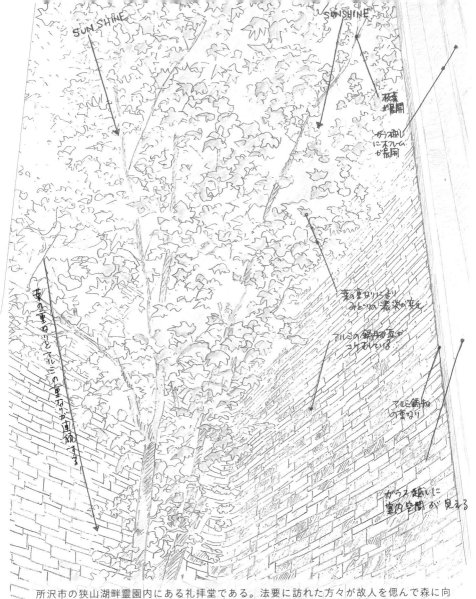

所沢市の狭山湖畔霊園内にある礼拝堂である。法要に訪れた方々が故人を偲んで森に向かってお祈りを捧げるための建築である。建築は7つの合掌形式の木構造が地面から切り立った有り様でその切りたちのはざまに広がる樹木がフィットしている。建築はアルミの鋳物瓦で覆われ、それらの一つひとつが樹木の葉のように折り重なり、樹木と呼応する優しい庵のような空間をつくっている。その優しい空間の隙間につくり出した構造の内部空間が寄り添い交互に連続する構成である。ガラスで仕切られた室内空間と樹冠が織りなす空間は室内と室外ではあるが、建築が樹木に負けている様相が内外の垣根を取り払い、お祈りという行為にふさわしい場所であるように感じさせる。

1

プランや形状から全体像をイメージすることが難しい建築である。下記プランにある円弧状の壁に沿うように木柱が林立し、点線で表現される棟ラインに収束していく構造。室内側に構造柱が傾き、そうして生まれた外部の空間にケヤキやカエデの枝が展開して、みどりが建築を凌駕するような外観が生まれている。

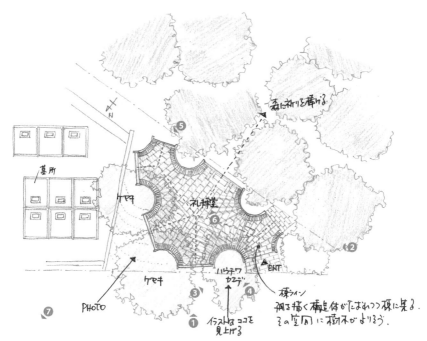

2

左に常緑樹主体の森が広がり、右側に株立ちのケヤキ
が寄り添う。建築は樹木よりひとまわり小さい。

3

建築の構造体とケヤキやサクラの力強い枝ぶりが隣り
合う様子。

4

アルミ鋳物瓦の重ね葺きと樹木の幹が同様に苔むし、かつ
てからここにあったかのような空間をつくり出している。

5

外部から内部空間を通して霊園を見る。よしずを立て
かけたようなほっとする空間。

6

放射状に展開する構造体の織りなす陰影は奥に見える
樹木のそれに性質が同調している。

7

同じ設計者による霊園内の休憩棟。被さるモミジと水
面に映る樹影により建築が半ば溶けているようである。

「振る舞いを空間化する」という中村さんの設計手法を代表する作品の1つ。もう1つの休
憩所も景観との融合が絶妙で、一種の古建築の佇まいである。建築家の作品はともする
と佇み方・過ごし方を強制するようなものも散見されるが、この中村作品は身体と同化す
る衣服のようで、しかも着心地が良い。2つの建築はともに、葉の揺らぎや重なりに同
調し佇み、室内にお邪魔すると柔らかく包み込んでくれる。そんな空間をつくれる彼を
うらやましく思う。

05

風が吹き抜ける2つの庵

高台寺傘亭・時雨亭（京都府京都市）
― 伏見城の遺構（千利休好みの茶室）

イロハモミジ

宝形茅葺きの屋根の反り
が牛のようにやさしい

外部のみどりを
屏風絵として
とりこむ

部戸より風が
とりこめる

ヒサカキ

アオキ.

トウダンツツジ.

高台寺の高台に移築された野趣のあるお茶室。窓が多く葉の触れ合う音とともに涼風が室内を通り抜ける。窓は、いわゆる壁に空いた穴で、その室内は極めて外部環境に近しい。円窓や格子窓は周囲のモミジや松などの自然景観を絵のように室内に取り込み、部戸は日を遮りながら風を通す建築の羽のような存在。雨を凌ぐことのできる渡り土間を渡って隣り合う庵を行き交うことができる。このとき２つの庵を緩やかに繋げるために室内装飾のように飛び石がデザインされ、渡り土間が外部になりきらないことが意図されているように思える。

豊臣秀吉が伏見城築城の際に千利休に命じてつくらせたとの説がある2つの建築。正室ねねは秀吉の没後、彼の菩提を弔い、自身の墓所として建立した高台寺の1番高台に、秀吉が暮らした伏見城の遺構であるこれら茶室をわざわざ移築している。茶の湯を大成させた2人の思い出が詰まっていたのかもしれない。

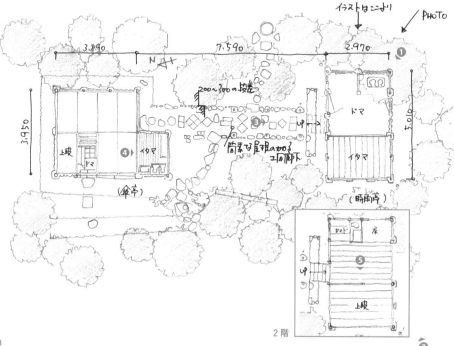

台所坂。ねねが晩年を過ごした居館へ続く。落葉樹の
アーチから木漏れ日が差し込み、今は来訪者を異空間
へ誘っている。

皮付きの丸太が支える杉皮葺きの屋根とリズミカルな
踏石が2つの茶室をつなぐ。室内かのように天井仕上・
床仕上が意識された空間。

傘亭の板間。格子窓より時雨亭とみどりを見る。大きな
穴のような窓があり、躙り口と共に透け感のある空間。

時雨亭2階の上段。部戸の隙間より竹林や松林越しに眼
下の景観を見渡す。

20年も前になるが、当時明治大学教授の稲垣栄三先生引率による古建築実習で初めて訪
れた場所である。さほど古建築の知識がない学生時代に触れた建築物としては最も印象
に残っている。建築というにはあまりにも存在が薄く威張っておらず、豊かな自然環境の
中にひっそりとお邪魔をして「ちょっといさせてください」という感じが好きだったのかも
しれない。風雨を避ける、風を通す、遠望するなど"建築の原初的な機能"を純粋に表
現している様はこれからの自身の設計にも反映していきたい教科書のような作品である。

06 / 遺跡のように透ける建築

東京クラシック 森のクラブハウス（千葉県千葉市）
── 古谷デザイン建築設計事務所

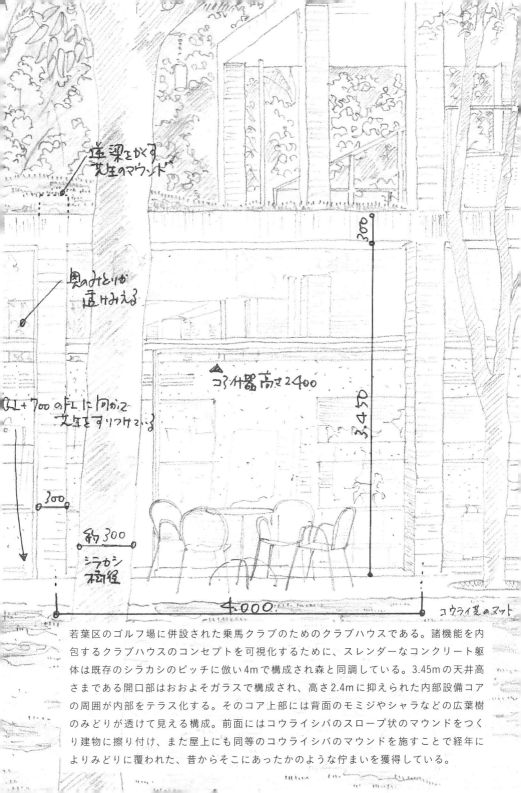

逆梁をかくす
芝生のマウンド

奥のみどりが
透けみえる

コア什器高さ2400

FL+700 のFLに向かて
芝生をすりつけている

300

約300
シラカシ
樹径

3,450

300

4,000

コウライ芝のマット

若葉区のゴルフ場に併設された乗馬クラブのためのクラブハウスである。諸機能を内包するクラブハウスのコンセプトを可視化するために、スレンダーなコンクリート躯体は既存のシラカシのピッチに倣い4mで構成され森と同調している。3.45mの天井高さまである開口部はおおよそガラスで構成され、高さ2.4mに抑えられた内部設備コアの周囲が内部をテラス化する。そのコア上部には背面のモミジやシャラなどの広葉樹のみのみどりが透けて見える構成。前面にはコウライシバのスロープ状のマウンドをつくり建物に擦り付け、また屋上にも同等のコウライシバのマウンドを施すことで経年によりみどりに覆われた、昔からそこにあったかのような佇まいを獲得している。

1

受付、物販、休憩、調理、託児、工作などの諸機能が森の中に透け浮かび上がる透明な箱をつくり出している。300mm角のコンクリート柱が梁成300mmの床を支えるシンプルな構造スケルトンに、設備機器を内包した木製コアが諸機能を決定づけるプランニングを採用。シラカシの樹冠が屋上空間にかぶさりツリーハウスのような空間性も付与されている。

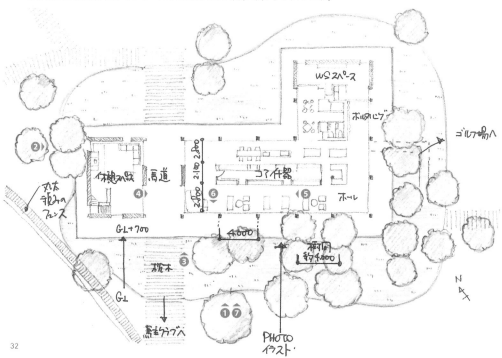

2

建築を西側から見る。木漏れ日と段差のある壁面の表情が同調する。

3

馬主クラブへと通じる馬道。幅3700mm、高さ3450mmの開口が奥のみどりを呼び込む。

4

2階のテラスより馬主クラブを見る。芝生のマウンドが周囲の樹木の樹冠とつながる構成。

5

内観。什器と家具により空間の機能が決定する。サッシが柱の内側に付けられていることから内外が反転しているよう。

6

室内よりゴルフ場を遠望する。掘り込みソファーで視点を下げ、ゴルフ場のランドスケープを引き込むことを意識している。

7

内部コアの天井やアルコーヴが光る設計。建築全体がランドスケープの中で大きな照明器具のように光る。

この敷地は20年前のゴルフ場計画のために植え込まれた植木の圃場であった。当時の計画が頓挫して放置された森は木々が所狭しと成長し寄り合って育っている状態であった。計画の依頼を受けた我々は何度も現地に足を運び、森の中を練り歩いた。そのうちに身体的にここが気持ちよさそうだとか、ここを抜いたらよく見えそうとか感覚が身につき、樹間や樹冠を基本にした寸法が導かれた。それは森の中に建築を建てるというよりは森を減築して生まれたスペースが建築になった表現がしっくりくる。このプロジェクトを通して「みどりを建築して、建築を植え込む」ような感覚が生まれた。その境地に達することが「かつてからそこにあった」かのような建築をつくるためには必要だ。

混ぜ垣の活用

既存の柿の木（手前）の新緑やツバキなどの常緑樹と混ざり合い自然に仕切り
つつ内と外をつなげる。

ベニカナメモチ

別名レッドロビン。新芽が赤く、徐々にみどりに落ち着いていく。

斑入りマサキ

葉の縁に白い斑が入る。垂直に伸びる性質で狭い半日陰でも育つ。

オウゴンマサキ

新芽が特に黄色く、日が当たると黄金に輝く。庭を明るくする。

マキ

細い葉で和風のイメージを持つ。刈り込みに耐えるので形をつくりやすい。

室内からテラス、その先の混ぜ垣を見る。視線を柔らか
に遮る。

他集合住宅での混ぜ垣の例。トキワマンサクの花や斑入
リマサキの黄色い新芽が華やか。

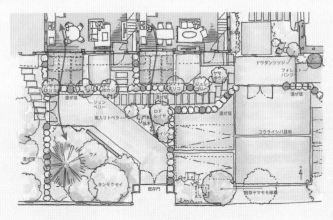

プライベート空間の
確保のためにフェン
スを立てるよりは垣
根で緩やかに仕切っ
て空気がつながる設
計をしたい。赤や黄
色のカラーリーフ（常
緑樹）を織り交ぜて垣
根をつくると仕切り
感が和らぎ景観との
融合が図れる。

キンモクセイ

秋の知らせを花の芳香
で伝える。落ちた小さ
な花が道路をオレンジ
色にする。

トキワマンサク（赤）

常緑樹で赤花と白花が
ある。初夏に糸のよう
な花がつき全体を覆う。

グミギルドエッジ

黄色い斑入りの葉が特
徴的なカラーリーフで周
囲に明るい印象をつく
る。常緑で旺盛に育つ。

ゲッケイジュ

葉と枝を編んだ月桂冠
が有名。カレーに入れ
るローリエ。

07 / みどりとともに成熟した住まい

中心のある家（埼玉県所沢市）
── ARTEC 阿部勤

ムベ

1,050

1,500

カロライナ
ジャスミン

キョウチクトウ

30
30
枝の面取

ケヤキ

玄関前の
ベンチ

アカンサス　　アオキ

ヤブラン

1974年築。建築家阿部勤氏の白邸である。写真とスケッチは庭側から玄関前のロッジア
的空間を見た構図である。建築の周囲に大きく育ったケヤキなどの高木やキョウチクト
ウ、つる植物のムベなどが建築を柔らかく囲んでいる。樹木を含む光や風などの周辺環
境を建築に取り込むための仕掛けの1つがこの空間である。玄関スペースと庭をつなげ
るこの空間には室内における窓のような開口が設けられている。中に入ると室内のよう
であり、街路から見ると室内に入る前の大きな懐のように見える。ケヤキの木陰から連
続するこのスペースは住宅のファサードはこうあるべきと無言で語っているようである。

1

住宅地の一角にひときわみどり深い住宅が現れる。周囲の住宅が敷地に対して平行に並んでいる
中でこの住宅は約30度振られて建っている。そこで生まれた余地に樹々を植え込み引きをつくっ
て住宅へアプローチする。ファサードは待合のベンチに人が座って完成する絵画のようである。

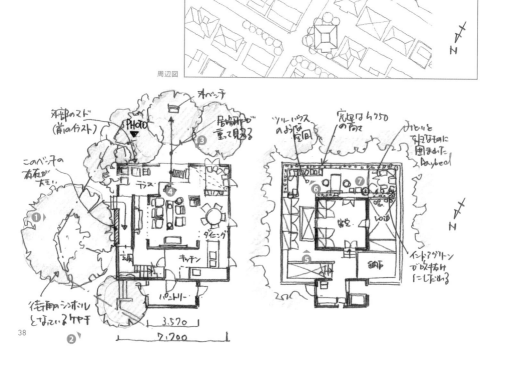

前面道路からは、成長したケヤキなどの樹木が建築を凌駕し建築とみどりの主従が逆転しているように見える。

2階の連続する開口部と対峙するコナラやモクレンなどの落葉広葉樹。樹木がシェードとなって木漏れ日が室内に差し込む。

1階中心部より前庭を見る。室内→テラス→前庭とそれぞれに家具が置かれ居場所がつながる。

右側は中心の空間をつくるコンクリートの躯体と開口。奥の明るいテラスのようなスペースの先にみどりの風景が続いている。

2階の窓辺はすべて腰高77cmの高さで開口が設けられており、周囲の樹々の樹冠を室内に取り込むような設計となっている。

窓下に居場所が設定されており、窓辺に調度品が飾られている。全体が大きなツリーハウスのような空間。

いつも憧れていていつかは訪れてみたいと思っていた。一つひとつ丁寧に説明してくれる阿部先生の言葉から、生活の積み重ねにみどりが寄り添い、日々内外渾然一体となった空間が醸成されているのだと感じた。建築の配棟とプラン構成、開口部に対する造詣。これらが緻密に組み合わさったこの住宅はそれこそ、その場に同調し成長を続ける植物のようであった。

08 / 建築がみどりを囲い
みどりが建築を包む

泰山館（東京都目黒区）
── 泉幸甫建築研究所

駒沢公園にほど近い賃貸住宅である。中庭を中心に高低差を生かし住宅を階段状に配置、1つとして同じ住戸プランがない。白い花ブロック（穴あきブロック）、アーチや木製のサッシ、雁行する庇。これらが引き立て役となって中庭のタイサンボクを中心としたハナミズキやモウソウチクなどの植生と建築が融和している。植物が30年余りの時を経て成長したことにより単に建築が囲う中庭ではなく、中庭のみどりが建築を緩やかに囲むような場所がつくり出されている。多くの開発者は目黒区の地価を想像するとこの大きさのみどりに投資することに前向きになれない。しかしこのように建築とみどりの幸せな環境をつくることにより価値が担保され、健全な賃貸住宅経営がなされていることは特筆すべきことである。

パタン・ランゲージの手法を用い、建築家泉幸甫氏が設計した集合住宅である。春はオーナーが植え込んだチューリップと紅白の桜が咲き誇る。初夏はハナミズキが花をつけ、日々暖かくなっていくことを感じる。夏になるとモウソウチクが破竹の勢いで伸び、シンボルツリーのタイサンボクに大輪の白い花がパカパカと咲く。駒澤大学駅、駒沢公園、駐車場と目的によって幾つかの入口がありステップアップしたりダウンしたりする。その度にみどりや花を見る視線が変わることで山の中にいるように立体的なみどりを感じることができる。

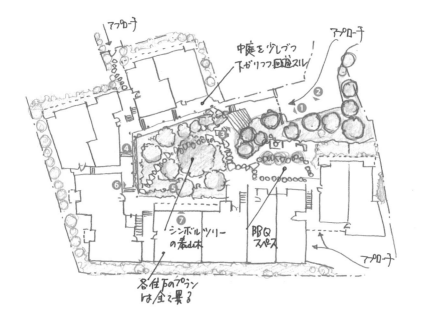

泰山館の館名板。ヤマボウシ、フヨウ、アイビーに囲まれている。建築のイメージとリンクしている。

メインゲートを見上げる。初夏。紫のアガパンサスやアベリアの花、新緑のみどりが石段のアプローチを囲う。

1階の回廊。モザイクタイルの装飾が埋め込まれたコンクリートの列柱が中庭のみどりに緩やかなつながりを作る。

2階のバルコニーより対面を見る。タイサンボクやハナミズキなどの樹影により7、8割は目隠しされる。

2階バルコニーとみどりの関係。建築の中に光が入るのと同じようにハナミズキの花が枝を伸ばす。

2階の室内よりバルコニーを介して中庭を見る。中庭に溢れる光が花ブロックや格子窓を通して室内に入り込む。

　　5年ほど泰山館で暮らしていた。最初は1階に住み、気に入って2階に引っ越している。写真はその時々に撮りためていたものである。5月初旬、日差しが制限されるため少し華奢に成長し、瀟洒な雰囲気のハナミズキが美しく咲き誇り対面する手すり越しの住戸との距離感をつくっていく。初夏の柔らかな空気が中庭に充満し、季節の巡りを実感する。シンボルツリーであるタイサンボクは盛夏に大輪の白い花を咲かせる。中庭の石畳をショートカットとして使うと下枝についた花弁が眼前に迫り、その柔らかな芳香にうっとりとしていたのを思い出す。

09 / みどりのある暮らしを売る空間

House / shop F（愛知県名古屋市）
— 木村松本建築設計事務所

44

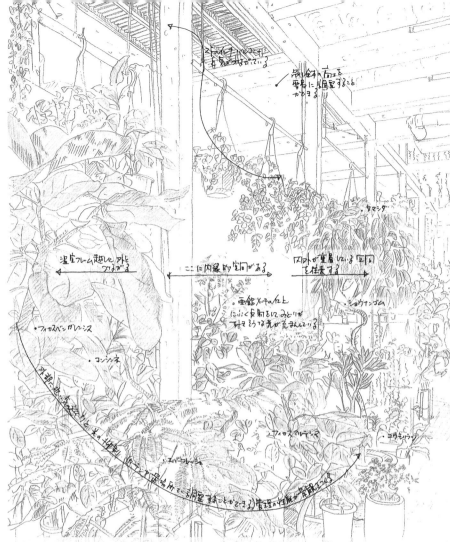

中村区にある造園や貸植木業を営む企業の店舗兼用住宅である。敷地に対して斜めに配置された建築のフロントヤードには地植えされたユーカリやスペインオリーブ、リュウゼツランなどが植え込まれロックガーデンが構成されている。テラス周りには鉢植えの商材が所狭しと置かれ、グリーンを生活に持ち込もうとするエンドユーザーがイメージを膨らませることができる。室内で育てる観葉植物に必要な光と風（虫が付かなようにするための空気の流れ）をコントロールするための仕掛けが十二分に施されたインテリア空間である。建築のファサードは温室フレームで構成され華奢なフレームの軒柱を介して内部とつながる構成である。特筆すべきはその機能性の担保、亜鉛メッキの仕上げや修練された木造架構の力の入り具合が適度でみどりと均衡している点である。それゆえにその空間はふわふわとみどりと融合して特段の居心地の良さを獲得している。

切妻屋根の木造2階建の建築の棟を境に二分。道路側を店舗、植木置き場側を住宅とするプランで、吹き抜けなどを介して有機的に貫入し合う設計である。配置の工夫により生まれたフロントヤードには店に対してまちが、バックヤードには店に対して生業の現場が対峙する構成である。観葉植物が好む窓際の光が柔らかくあたり、亜鉛メッキの仕上げが光を拡散してみどり全体が光に包まれる。空間全体に通じる内縁のような考え方と同類のデザインが生活と店舗、生活と生業の関係性の構築にも浸透しているように感じる。それはまちに対して柔らかく導入を促す停めやすい駐車場やタープの存在と生活の領域が分断されず貫入し気配が適度に感じられる工夫、境壁の空気層や有孔折板の天井、FRPの間仕切りなど積極的に間仕切らない手法がこのみどりと共存する中庸な建築を成立させている。

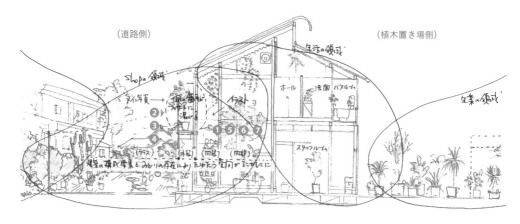

敷地に対して斜めに配棟された建築のファサード。み
どりと対峙する建築の存在はその素材感も手伝って極
めて軽く感じる。

建築の妻側を見る。キャットウォークやジャロジー窓
など、みどりの環境を担保するため外部との接続が積
極的な外観。

外部の売り場。キャットウォーク、土間、階段状什器、
高木によってみどりの峡谷のような潜り込みたい空間に。

空気循環を促すグレーチングの天井。空調で乾燥及び澱
みがちな空気を回し植物に付く害虫や病気を抑制する。

亜鉛メッキの内装仕上と、店舗と住宅を仕切るFRPの
壁。おおらかなエバーフレッシュの樹形が内外を曖昧
にする。

亜鉛メッキに反射する光が観葉植物の葉裏にも光を当
て、植物が単なる飾りではなく空間の一員化する。

なんと仕合わせな建築だろうと思う。木村さん松本さんにご案内いただく中でオーナーさん
にもお会いした。家業であるみどりのビジネスとご家族の生活、またまちの中でのグリーン
のホットステーションのような場所の有り様。すべてがみどりの成長のように自然で、何か
ストレスが掛かるようなことも感じさせない状況がつくり上げられていた。みどりはそうそう
に枯れるわけではないが、ハリのある元気な状態を保つのにはプロの才覚が必要になる。
この建築はそのみどりのもつ本来の力と美しさを見せ続けるためにつくられた建築であると
感じる。技術によってみどりの成長を確かなものとし、良い商材として見せるという側面はさ
ることながら、その商売を支える家族の形も可視化して共存させる。そしてその全体感がま
ちの起点となる。今求められている建築とみどりの幸せな関係がここにある。

10 / 庭を見る・見られるの関係

インターバルハウス（東京都大田区）
古谷デザイン建築設計事務所＋みどりの空間工作所

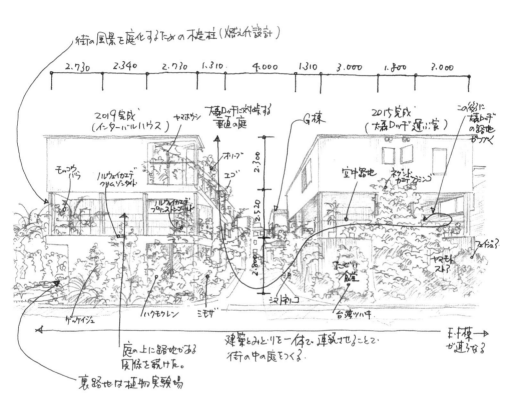

街の風景を庭化するための下地柱(燃え代設計)

2.730 2.340 2.730 1.310 4.000 1.310 3.000 1.800 3.000

2019完成
(インターバルハウス) ヤマボウシ

大森ロッヂに対峙する
車道の庭

G棟

2019完成
(大森ロッヂ 通い家)

この後に
大森ロッヂ
の路地
がつづく

モッコウ
バラ

ハルウェイカエデ
クリムゾンキング

オリーブ

エゴ

空中路地

ネクスト
大森ロッヂ

ハルウェイカエデ
ブラッドグッド

2.730

2.520

2.800

ゲッケイジュ

ハクモクレン ミモザ

シジネリコ

たごり
橙

台湾ツバキ

フェイジョア

ヤマモモ
スト?

E+F棟→
が連なる

庭の上に路地がある
風景を続けた。

建築とみどりを一体で更新させることで
街の中の庭をつくる。

裏路地は植物実験場

昭和の趣が残る築50年を超える木造住宅8棟のリノベーションプロジェクト〈大森ロッヂ〉。その同じエリアに2015年に店舗併用の賃貸住宅「運ぶ家」を設計してから4年後、その対面に自宅を設計する機会を得た。ここで言う内と外の関係は、まちや「運ぶ家」と「インターバルハウス」との関係である。〈大森ロッヂ〉の育んできたみどりと路地の関係性をまちに表現するとともにお互いがお互いの建物を庭のように感じられるようにしたいと考えた。街路沿いには方角に応じた豊富な樹木を植え込み、この場所からみどりの生活が増えていく基地のようになることをイメージしている。

1階は建築設計事務所の機能とともにインドアグリーンの養生やプランター果樹の成長実験をしている。東西南北の道路境界、敷地境界にはすべて植栽を行い、各樹種の適正について勉強している。2階の手すりには地植えしたモッコウバラを誘引し、3階には空中庭園を設け、屋上緑化に耐性のあるオリーブやヤマボウシ、エゴなどを植え込み成長を観察している。建築全体がまちのみどりになるとともに運ぶ家から踏襲された燃え代設計の構造柱が軒柱となって縁側効果を生み、テラス側からは周辺の戸建群ですら庭のみどりのように感じることができる。これは面白い発見である。

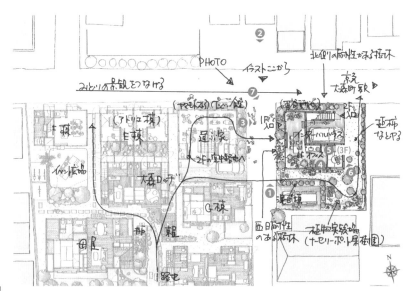

前面道路より2つの建築を見る。築3年が経過（左）し、
みどりのまち並みをつくり出している。

「運ぶ家」より見る。2階3階の隅を切り、ポーチやバル
コニーや庭とすることで視線が抜ける。

1階のナーセリー空間。外部の庭とインドアガーデンが
つながる設計。室内側からも庭園木を楽しむことがで
きる。

テラスの設計から導き出された45度振られた間取り。
隣地からの視線が対角線になり間（インターバル）をつ
くっている。

バラが好む東の壁面をつるバラで覆う計画。空中階の
窓からもバラを楽しむことができる。

床の懐厚さ350mmを活用した3階の植栽マス。デッキ
プレートを梁から吊り下げ土厚を確保している。

現在この家に移り住んで2年半が経とうとしている。庭の植物は成長し、徐々に建築はみ
どりに囲われていっている。縁あって植え込んだつる薔薇が建物3階部分まで這いあがり
2階寝室から鑑賞できるようになった。北側角に植え込んだモッコウバラは勢い付いて建
物に寄り添いウェルカムアーチを形成している。暑い日も寒い日も植物は成長していて建
築との関係を更新している。居心地の良い住まい度を上げてくれる植物のお世話をしたく
なるのは、このギブアンドテイクの関係があるからなのかもしれない。

季節ごとの表情を見せる木々

拙宅インターバルハウスは東西南北すべての面を持ち、それぞれの環境にあった筆者の好きな木々を植え込んでいる。東はバラ、西はオーストラリア系の木々、南にはビワ、ウメ、モモ、アンズ、ミカンなどの果樹、北側には日陰に強いカエデやモクレン、アジサイなど。

①モッコウバラ
朝日を好む。よく伸びるので頭上を覆うアーチ空間をつくることができる。

②モクレン
いち早く春を告げる。白いハクモクレンと紫のシモクレンとある。

③ノルウェーカエデ
黄金色のプリンストンゴールドと紫葉のクリムゾンキングなどがある。

④ミモザ
3月の初旬に黄色い花をたくさんつける。春を告げるシンボルツリーとして人気。

3年成長したミモザ、オリーブ、サルスベリや3階のエゴやヤマボウシが住宅を囲む。

6年前に設計をした「運ぶ家」のネグンドカエデフランミンゴとノルウェーカエデが繋がる。

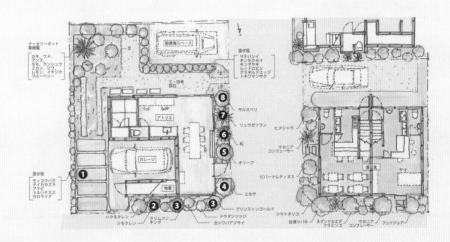

⑤オリーブ

ルッカ、ミッション、シュプレッシーノが代表的品種。

⑥マツ

アカマツ、クロマツ、ゴヨウマツなど。モダンな樹木とも合わせやすい。

⑦リュウゼツラン

多肉種で先端や葉の周りに棘を持つ。テキーラの原料になる。

⑧サルスベリ

百日紅と書く。3ヶ月近く赤やピンク、白の花を咲かせる。

11 ／ 垣根のない暮らし

鵠沼ヴィレッジ（神奈川県藤沢市）
——リビタ、みどりの空間工作所

鵠沼海岸にほど近いテラスハウス4棟（8世帯）のリノベーション計画である。内（敷地内）の境界及び内と外（まち）の境界を曖昧にして、敷地内引いてはまち全体が自分たちの庭であるかのようなマインドになっていくことを目指した計画である。元あったフェンスや門扉をすべて取り払い、竹柵や植栽などで曖昧に境界をリデザインした。舗装は駐車場やポーチなどの必要最低限として芝や木チップや砂利で柔らかく仕上げ敷地内はどこでも子ども達が元気に走り回れるようにと考えた。桟敷ベンチや屋外シャワーのある共有スペースにはオリーブ、温州ミカン、レモン、ブルーベリー、など実のなる樹木を豊富に植え込み収穫を皆で楽しめるように計画をしている。

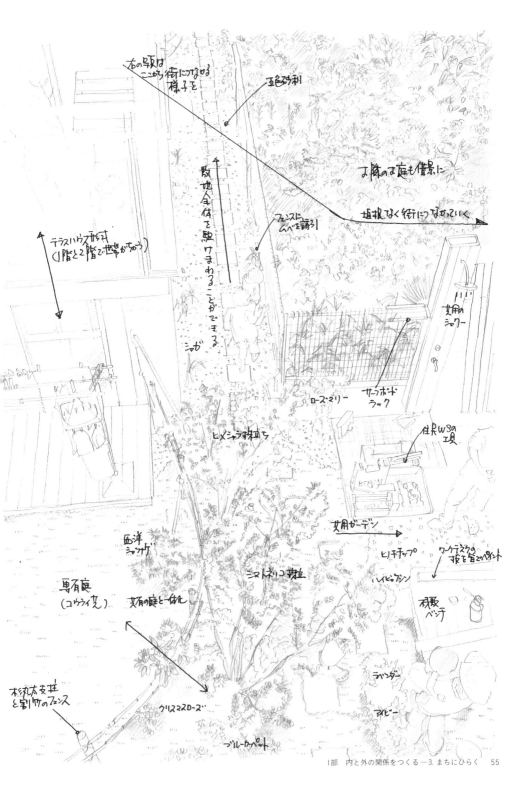

右の頭はここから街につなげる様子を

五色砂利

お隣のお庭も借景に

垣根なく街につながっていく

テラスハウス形式
(1階と2階で世帯がちがう)

敷地全体を駆けまわることができる

シバ

フェンスにヘベを誘引

シバ

女用シャワー

ローズマリー

サーフボードラック

住民共用の工具

ヒメシャラ株立ち

共用ガーデン

西洋シャクナゲ

ヒートチップ

デッキテラスの板を曾とペンキ

ハイビスカン

シマトネリコ株立ち

共有の庭と一体化

収穫ベンチ

専有庭
(コウライ芝)

共有の庭と一体化

ラベンダー

木統太支柱と割竹のフェンス

クリスマスローズ

アイビー

ブルーカーペット

1

みどりと親しむことによって、より生活（内）の中で庭（外）を自分たちの領域として楽しむことにつながると考えている。前頁写真の風景は弊社が請けている植栽管理業務の一環で行った住民ワークショップである。自分たちで木板に樹種名や説明を描き、自ら樹木にくくりつけることによって木の名前を覚えるとともに自分の家の木だという愛着を持ってもらう目的である。そうすることで共用部美化の意識が芽生えて管理会社任せから脱却し、継続的な物件価値向上につながると考えている。

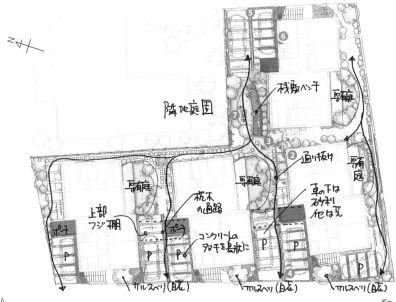

建築とフェンスの間はコンクリート平板と砂利の構成。両端に日陰でも花付きの良いシャガなどを植え込み路地を演出。

境界を曖昧にすべく割竹をカーブさせただけの簡易なフェンス。シマトネリコなど常緑の軽やかな木で緩く目隠しを。

隣棟間を繋いだパーゴラにフジが繁茂している。その下で子どもたちが集まって遊んでいる。

車の下の目地は暗いので砂利としているが車の停車頻度によっては芝生が自然に広がり砂利と混ざっていく計画。

WSの様子。果樹に囲まれたテーブルにもベンチにもなる桟敷スペースを活用。

家の前はサルスベリ。サルスベリは漢字で「百日紅」。つまり3ヶ月花がついているということが学べる。

完成後すでに10年弱の月日が経つ。創業当時のプロジェクトである。5番の写真に写る8歳の娘は今や18歳である。家族総出で手伝ったワークショップイベントではスタッフが手描きで仕上げた樹木板を皆で木の名前を覚えながら取り付けていった。垣根をなくすのは物理的には簡単だか実際の都市生活では難しい。開発者、住まい手、設計者のマインドが一致して、やっとこのような敷地全体がみんなの庭みたいな空間がつくれるのだと思う。

12／路地から広がるみどりのインフラ

花木屋（東京都文京区）

— 岡野廣美

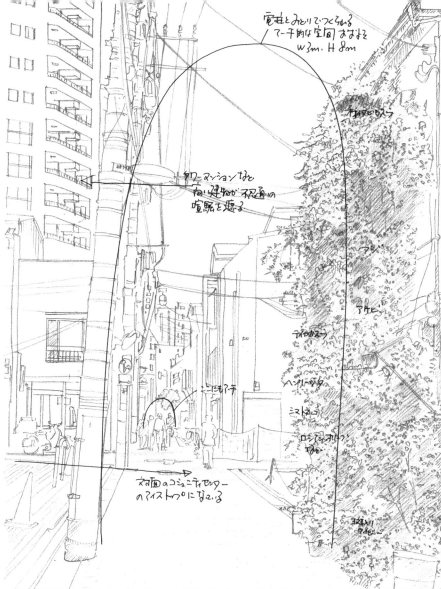

根津の不忍通りを1本入った路地にみどりで覆われた花木屋がある。谷根千（谷中・根津・千駄木）は震災と戦火を免れた場所もあり、昔の面影を残しつつ住居が密集し細い路地空間が印象的なエリアである。道路から建物の引きがないため壁面に沿わせるようにプランターを配置し、道路の両サイドが植木鉢で埋め尽くされた通り庭のような景観を多く見ることができる。所狭しと植木鉢を並べてもちろん自分が楽しいのであるが、道行く人たちに見てもらおうという精神が見え隠れする。そのようなホスピタリティの集積がみどりの空間を形づくっている。花木屋もその意識の延長として先代が営んでいた木工所をそのままに草花を並べ、地域の方々に季節の香りを届けている。

1

都市計画法の用途地域の設定によって4車線の不忍通り沿いには高層の建築が可能なため、通り沿いは城壁のようにビル群が立ち並び、1本入るとそのビル群が防音壁になって喧騒から離れ結構ひっそりしている。そんな人の息遣いが聞こえる場所に花木屋はある。看板も何もないが、近所の人がふらっと木戸を開けて「この花何？」「これくらいの花瓶に生ける枝ないかしら」などと来て、自宅の玄関脇のプランターに植えたり、居間に花を飾る。小さいながらみどりによって人や家をつなぎ続けている。

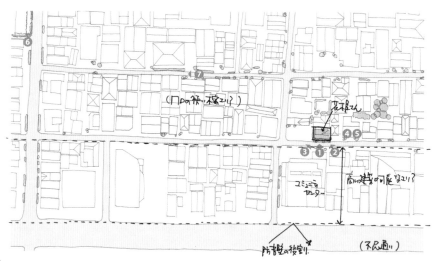

掃き出し窓の庇や2階窓の手摺にみどりが登はんして道に枝葉を伸ばしている。

テイカカズラ、シマトネリコ、ロシアンオリーブなど濃淡様々な樹種が奥行き感を演出する。

店内。木工所そのままの粗野な壁にカラフルな花木が映える。左の黄色い枝はメラレウカ。

ガラス戸を覆う植物が、近接する道路との関係を曖昧にしてくれている。窓のように植物画が飾られている。

近くのスイーツショップ。ニセアカシアによって歩道空間に居場所を創出している。

近くの路地に所狭しと置かれている植物たちの風景。カキノキと柑橘系の樹木が路地版エディブルガーデンをつくっている。

ここではあえて、地元の人が親しみをもって呼ぶ「花木屋さん」と呼ぼう。花木屋さんの路地を北へ進んだ千駄木駅の近くに「へび道」というクネクネと曲がった路地がある。20代前半に谷根千の界隈性に惹かれて1人暮らしを始めた場所である。その頃に花木屋の店主の岡野さんに会い、藝大生らも集うサロンのような店内で初めて植物を購入した。スパシフィラムという観葉植物でひとまわり大きな鉢へ植え替える方法を聞き、植物が大きく成長する様を実感した私はそれからたくさんの植物を買っては枯らし、道端の植物に関心を持ち名前を覚えるようになった。谷根千の路地は私にとってみどりの教科書であり、花木屋さんが先生なのである。

13 鉢植えひとつから始まる景観づくり

みどり市（東京都大田区）
—— みどりの空間工作所

設計事務所が運営する植木市イベントである。拙宅「インターバルハウス」(p.48) の庭先に地鎮祭の神棚よりヒントを得た木製什器を製作。植木の仲卸より仕入れた植木を陳列し近隣住民への販売を行なった。割竹のアーチが販売空間へと誘導し、日除けのためにかけた簾が涼しさを演出する。みどり好きの人たちはなんの躊躇もなく情熱的な眼差しで植木を眺め、設計事務所所員である店員に話しかける。植物の性質の話から、自宅の置き場所の細部に至るまで愛好家の話は尽きない。そのときの二人の頭の中には明らかにみどりの空間が描かれており、この種が住まいの周辺環境を良化していくことに間違いはない。植物は比較的育てやすいパキラやアルテシマ、コンシンネなどの観葉植物から人気の塊根植物、サボテン系、お庭を明るくする斑入りトベラやカポックなどを取り揃えた。

みどり市のために製作した植木台。材料はすべてホームセンターで取り揃えることが可能である。地鎮祭に神主が用意する祭壇のように脚と棚が分かれ、運搬がしやすい形となっている。植物はその形や大きさによって見る高さを変える方がよい。見上げるような高さに置いたり吊ったりして日が透ける様子や葉裏を見せる見栄えが張る場合もあれば、目線に近い高さに大きめの植物を置いて迫力を見せたり、多肉植物などの小さなものは上から見下ろして葉の展開を楽しんだり、同じ植物は2、3個群で置くと選ぶ楽しみも加わる。上の写真は蒲田のさかさがわ通りで行われているイベント「おいしい道」へ出張した際のものである。

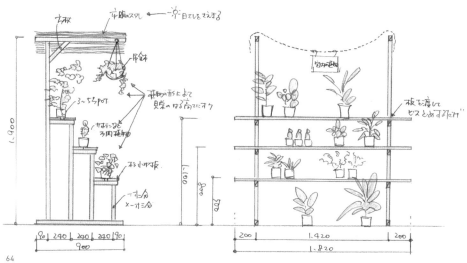

植木台のユニットを3台製作。室内の植物と戸外の植物とに分けて陳列。

台に載らない大きめの植物はガレージで販売。マンション暮らしの方々には写真のサイズの観葉植物がよく売れた。

「おいしい道」イベントの様子。さかさがわ通りは国家戦略特区として公道の店舗運営を積極的に行なっている。

縁日風な設えが効くのか人が集まる。知識のないスタッフが逆に教えてもらっている。

設計者視点で植物の置き場所などの話をしたりすることが営業となってよく売れた。

蒲田中央通りでの路上実験の様子。簡易テーブルと椅子での飲食空間にみどり市の植物を寄り添わしている。

大森町の自宅と蒲田での合計4日間で仕入れた植物は完売した！図面を描きながらみどりと建築の関係を考えることを生業とした設計事務所所員が植木を仕入れ、展示のための什器をつくり、植物愛好家のお客さんと会話をして売る。みどり繋がりで多くの会話が生まれて環境づくりの共通言語が育れる。売る側の所員は建築や空間とみどりの空間を考える上での気づきや造詣を深める。お客さんは縁日のような雰囲気を楽しみながら好きな植物を眺める至福の時間を過ごす。このようにして各人がデザイナーとなってみどりの空間を創造していくことが理想である。

14 / 山並みのような建築が芝庭を囲む

南池袋公園（東京都豊島区）
―― ランドスケープ・プラス（リニューアル時）

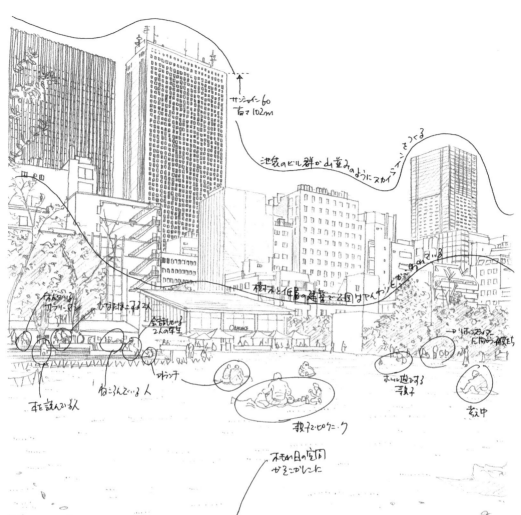

図中の書き込み:
- サンシャイン60 高さ102m
- 池袋のビル群が山並みのようにスカイラインをつくる
- 樹木と低層の建築で公園はやんわりと囲われている
- のんびりサラリーマン
- ひなたぼっこする2人
- 会話している2人の学生
- ベンチ
- ねころんでいる人
- 本を読んでいる人
- 親子・ピクニック
- ホールで遊んでる男女
- フリスビーにねっ子猫
- 夢中
- それぞれの自由な空間がそこかしこに

池袋駅東口より数分のところにこの南池袋公園はある。ここでいう内はこの公園、外はその周辺環境である。写真からも伝わるぽっかりとビル間につくられた芝庭とその周辺のベンチや遊具、カフェが渾然一体となってひだまりの集積のような垢抜けたスペースをつくり出している。周辺住民やオフィスワーカーは思い思いに居場所を見つけて佇んだり、お弁当を食べたり、呆けたりしている。周囲の建築の足元と同じレベルに座して草の息を嗅いで地球とつながるような感覚を都心で味わうことができる。池袋のまちにとってこの公園は庭である。それはグランドレベルに限らず、サンシャイン60で働く人々も窓から見える大きなみどりに安心を覚えるのではないか。そういう意味では写真に映る窓の奥にあるスペースが内でこの公園が外である。

何度か訪れたが、少ない滞在時間でもひっきりなしに近くの保育園の園児たちがこの公園を訪れてスライダーで遊んでいる光景があった。園庭のない保育園にとっては格好の遊び場として活用されているのであろう。まちと公園の健全な関係性がそのまま景観となっている。スライダーはそのトップまで緩い角度で登れるようなデザインになっている。園児たちの目には周囲の樹木に近づく楽しさと滑り降りる楽しさとが重なって原風景となりそうである。スライダーのカーブと奥にある建築の屋根のカーブが相似であり、その2つのカーブが樹冠を挟んでいる景観は偶然であろうか。

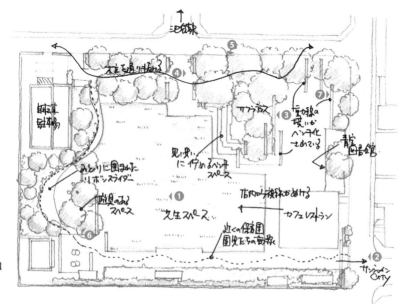

トベラやユキヤナギなどの灌木と桜の樹冠に挟まれた壁のサイン。木陰が涼しげな場所が散りばめられている。

秋口の低めの陽光が紅葉した樹木を照らす。まちに開かれた居場所が織り重なり景観をつくる。

公道と平行に走る緑道。周囲の建築と芝庭に面する樹木帯が二重になることで場の均整が保たれる。

公道から公園を見る。ふと入りたくなるほどに公園が輝いて見える。高木と下草による修景で視線が抜ける。

リボンスライダー。登りたくなる造形。周囲のビル群に対して樹木が緩衝帯にもなっている。

青空図書館。樹影がプリントされた壁面に巣箱状の本棚がデザインされている。

ここで絵を描いているとサンシャイン60の窓が木の葉のようだと感じる。周囲をビルに囲まれた環境で幼少期を過ごす園児たちにとっては、みどりよりもコンクリートの建造物の方がより親近感を感じて、自分の身の回りに置いておきたい第二の自然として認知されるのではないか……と感傷に浸るほどこのビル群と青い芝にはコントラストがある。この公園は災害時にはまちの余白としても機能し、この立地における経済性と社会性の両立を果たしながら、毎日人々を受け入れている。芝生に座ってビルの足元と同じレベルに座ってみたら、みどりと建築の関係が直感的に感じられ、こんな場所がもっと増えたらいいのにと素直に思う。

育てやすい
インドアグリーンを各家庭に

庭を持たない集合住宅に暮らすような人たち人もみどりを楽しむきっかけをつくりたい。玄関先にみどりを置いて道ゆく人にも楽しんでもらおうというマインドを広げたい。多くの人が少しずつでもまちにひらく顔をつくれたらそのまちは変わっていく。

フィカス ウンベラータ

流れるような樹形とハート型の葉が愛らしく人気の樹種。

パキラ

日当たりがいいと室内でも天井近くまで成長する。育てやすい樹種。

ツピタンサス

多少の日陰にも耐え、下葉が落ちにくい性質がある。アンブレラツリーとも。

フィカス アルテシマ

ゴムノキの仲間。黄色の斑入りの葉が特徴で明るい印象に。

インドアグリーンをコーディネートした事例。木陰のような爽やかな雰囲気をつくった。

みどり市

みどり市では初心者の方でも気軽にみどりに親しめるように、丈夫なみどりを販売した。

エレンダニカ

目線より高めに吊り鉢で枝垂れるように仕立てるのが良い。

ペペロミア

葉が肉厚で育てやすい。たくさんの品種がある。

ミルクブッシュ

多肉質の枝に水分を蓄えている。先に付く小さな葉が可愛らしい。

ボトルツリー

育つと幹がワインボトルのようになることから。

ザミオクルカス

新芽の生え方が独特で生命力を感じる。乾燥に耐える。

ベンジャミンバロック

葉がくるくるカールしていて可愛らしい。

セローム

大きい手のひらのような葉が特徴。南国の印象を与える。

シェフレラコンパクタ

シュフレラの矮性品種。挿木で増やすことも比較的容易である。

**ドラセナソング
オブインディオ**

リズミカルに踊るような樹形。黄色い斑入りの葉がモダンな印象。

シェフレラ

カポックという呼び名もある。幹を曲げ動きのあるものが好まれる。

フィカスバーガンディ

クロゴムとも呼ばれる。紅い新芽が芽吹く様が特徴的。

エバーフレッシュ

細長い葉が集まり涼しげな印象を与える。夜は眠るように葉を閉じる。

—— 2部 ——

create activity

活動を誘発する

1. 居場所をつくる
2. 人と場所との関係をつくる
3. 人を引き込む

15 / インナーガーデンが居場所をつくる

笑門の家（東京都大田区）
—— 古谷デザイン建築設計事務所＋みどりの空間工作所

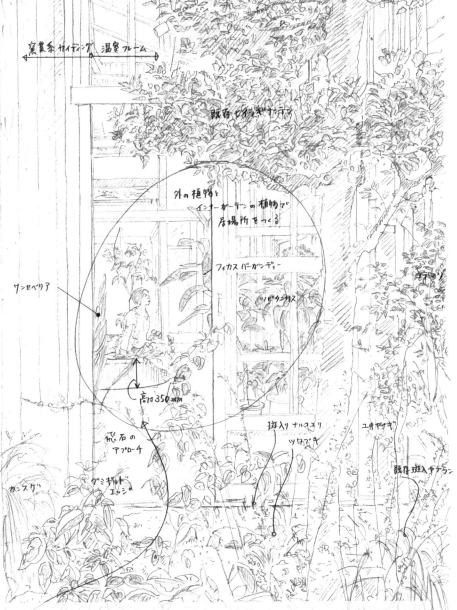

窯業系サイディング　温室フレーム

既存ヒイラギナンテン

外の植物と
インナーガーデンの植物で
居場所をつくる

フィカス バーガンディー

サンセベリア

ハペリタスガス

コデマリ

高さ350mm

斑入り ナルコユリ

ユキヤナギ

飛石の
アプローチ

ツワブキ

既存 斑入りアラシ

カンスゲ

グミギルト
エッジ

〈大森ロッヂ〉（p.49）新棟「笑門の家」である。築60年の一軒家を改修、賃貸住宅として再生した。街角にあった下屋を解体し下屋上部のバルコニー空間を含めて温室フレームで囲い、インナーガーデンをつくり出している。この場所は住まい手のリビングにもなれば土間や庭として活用が可能で、お店やオフィスとしても活用が可能である。周囲のブロック塀を取り払い、ザクロやヒイラギナンテンなどの既存樹の足元にユキヤナギやコデマリ、グミなどを植え込みインナーガーデンのみどりとつながる計画としている。簡素なフレームとオープンな構成がみどりとともに人々を引き入れ、活動に沿った人々の居場所をつくる。

1

元々現在の小上がりと同じ高さにあった床を切り下げ、外部からアプローチしやすい土間空間を周囲に設けている。半パブリックなインナーガーデンの奥にはセミプライベートなダイニングキッチンや水回りを設計している。2階は吹き抜けに接するプライベートリビングと個室を計画。住まい手の生活スタイルに応じて1階を仕事場として生活と切り分けたり、趣味の教室を開いてまちに開放するなど如何様にも調整が可能である。既存のザクロ（左）とサザンカ（右）に囲まれた砂利敷スペースは駐車も可能であるがインナーガーデンとつなげてイベントスペースとしての活用もイメージされている。

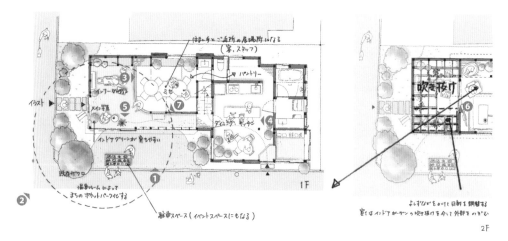

2

街角でみどりの販売をしている様子。ブロック塀（H=1800mm）を切り下げたことでザクロ越しに室内へ視線が通る。

和室のミセ空間。右奥温室フレーム越しにかつての玄関口が見える。手前の欄間に合わせて階段横に開口を設けている。

DKを見る。左のかつての玄関扉部分にガラスをはめ、植栽を追加、坪庭としている。

インナーガーデンの吹き抜け。新たに追加した温室フレームが既存の2階部分を支える。隣家と空を室内に呼び込む。

2階の室1の窓よりインナーガーデンを見下ろす。電動の開閉窓や既存の下屋フレームによしずをかけるなどして温熱環境を調整する。

ミセよりインナーガーデン越しにまちを見通す。みどりと活動が一体となって居心地の良い場所をつくる。

「お店を開店する！」「オフィスを開業する！」とまで意気込まずとも、生活や趣味の延長程度でまちとの接点がつくれて、しかもみどりをまちと共有できる空間を目指した。COVID-19の感染拡大により、自分の空間は塀とカーテンで囲って閉ざしてマスクをしてまちに出るというスタイルが定着し、歩み寄りが進んでいた公私空間の関係性がまた離れてしまった。だから調整をしながら、自分の家の中にパブリックなスペースを招き入れるイメージで家の中に外庭の延長のようなスペースをつくった。こうした空間が感覚的に少しの助けになって、一歩踏み出すきっかけをつくれたのだとしたら嬉しい。

16 / 地域に共有される学舎の杜

早稲田アリーナ（東京都新宿区）
— 山下設計＋清水建設＋プレイスメディア

早稲田大学戸山キャンパスにある37号館早稲田アリーナである。約6000人を収容できるアリーナ自体は地下に、地表には大きな緑地帯が計画されている。そのため建築というよりはみどりの丘として認識される。「戸山の丘」と名付けられたみどりはキャンパスにある既存のみどりや付近の戸山公園、穴八幡宮のみどりと一体になって地域のグリーンチェーンを形成している。またこの丘によって周囲とのレベル差が解消されており、東西南北からアクセスしやすく近隣住人にとっては便が良さそうである。丘の芝地では家族がピクニックをしていたり、学生が集まってお弁当を食べたりと公園のような情景が拡がっている。このように必要機能は地下化し、地域にみどりを提供する試みは、今後の学校建築を考える上での指針になるのではないだろうか。

1

丘の上のラーニングコモンズには大きな軒とスレンダーな軒柱がみどりを引き込む、室内と視覚的に連続するテラス空間がある。ウッドデッキ→ダイゴンドラ（グランドカバープランツ）→ノシバのマウンドへとレベルが繋がっていく。周囲の樹木はケヤキ、クヌギ、コナラ、アオダモ、ヒメシャラ、カツラなど落葉広葉樹主体で生態系強化に貢献する。低めに抑えられた軒空間は季節の風を程よく感じることのできる一人ひとりの居場所で、格好の集中スペースとなっているように見える。地下に埋まった催事やスポーツ競技のためのアリーナ空間との、静と動の機能の多重化が高度な建築技術により実現されている。

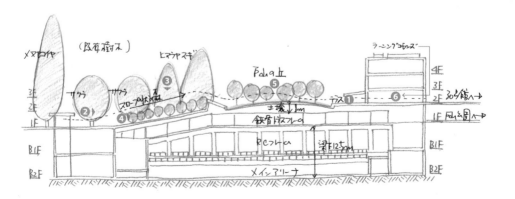

直行するスロープ動線沿いに植え込まれた樹木が多重化し、野山のような景観をつくり出している。

奥にみえる既存の校舎に植わるサクラやヒマラヤスギがスロープのアイストップとなり、景色が一体化する設計。

通学する学生が行き交う階段アプローチ。丘のみどりに対して直交する大屋根が階段状の縁側空間をつくる。

芝生のマウンドの周囲にあるみどり空間。舗装と連動したベンチのデザインがみどりの中に居場所をつくる。

ラーニングコモンズ越しに外部環境を見通す。既存のメタセコイヤが緩やかにアリーナの領域をつくる。

エネルギーの見える化が行われている掲示板。屋上庭園は地下アリーナの温熱環境負荷軽減に貢献している。

　設計をご担当された山下設計の水越英一郎さんにご案内いただいた。印象的だったのは、歴史ある建造物や植生がつくり出した景観の文脈の中でどのような計画をすることが正なのか?と大いに考えられたということ。出された答えは建築をおおよそ地下に埋没させ庭園をつくるアイデアだった。建築よりみどりを勝たせよう。都市の緑被率が低下していく中で、この大きなスケールでみどりの経済価値を最大限に引き出し、建築のテクノロジーとの均衡を図りながら空間効率性と地球環境性能の担保を両立させたこのプロジェクトこそ未来を見つめる学舎の建築にふさわしい。みどりの隙間で赤ちゃんが芝生に手をついて四つん這いになって進む姿を微笑ましく見つめる両親の笑顔が特に印象的であった。

17 / 薬草園の中の蒸留所

mitosaya 薬草園蒸留所（千葉県夷隅郡大多喜町）
— 江口宏志、中山英之建築設計事務所

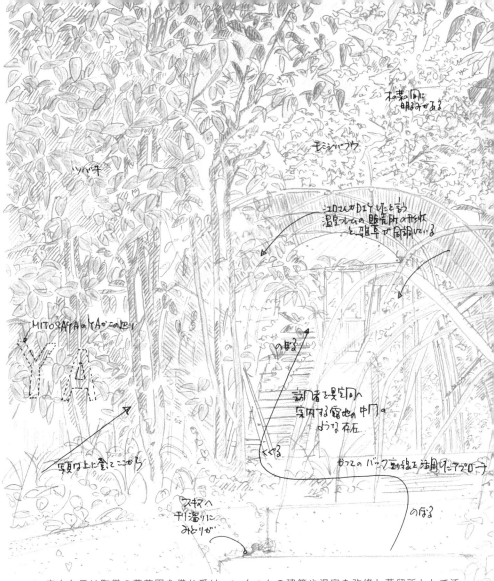

広大な元は町営の薬草園を借り受け、いくつかの建築や温室を改修し蒸留所として活用している。特筆すべきは、運営を行う御一家が家族でこの場に移り住んで、薬草園の中で生活して蒸留とそれにまつわる魅力的な活動を営んでいることである。写真やイラストは来訪者のエントランスである。温室フレームを活用した野外販売所はオーナーのDIYでつくられており、薬草園というハレの世界への通り道として存在している。それは作意を持ってみどりの空間をつくったというより、勢いのあるみどりの中に居心地のいい場所を見つけて庵（小屋や温室 Bar）をつくっており、来訪者がイベントに参加したり、苗木を植えたりなどしてその場に関わるきっかけとなっている。そんな肩肘の張っていない粗野な有り様が全体感をつくっており、御家族のいるお宅のお庭にお邪魔したような親近感を覚えるのである。

1

かつての大きな正門と建築の関係を見直し、元々あったメンテナンス用の動線をゲスト動線として捉え、森の中を通りながら薬草園を感じつつ蒸留所や温室などの居場所に辿り着くように設計されている（写真入口のバリケードは犬の脱走防止）。それはお茶室に向かう中門と露地の関係に似ているように思える。中門は温室フレームやトレリスゲートであり、露地はモチノキ、カシノキ、ヤマモモ、キンモクセイ、モミジなどの多くの樹木により構成された既存の森である。

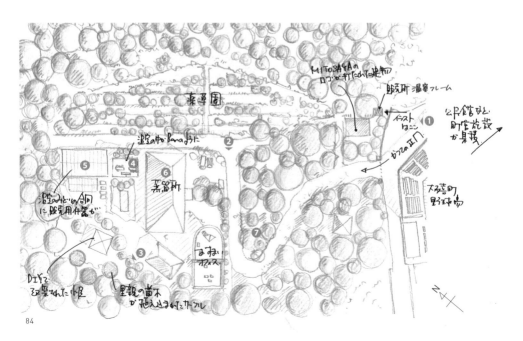

蒸留所を中心に温室やいくつかの建物が森の中にある。手前の山肌に薬草園が展開されている。

ゲストハウス（右）とゲストが里親として苗木を植え込んでいるエリア（左）。活動の集積が景観になる。

温室内にゴムノキやジャカランダなどが旺盛に育つ。温室フレームを活用した葡萄棚がBarのような空間をつくる。

温室の中にお邪魔している簡素な什器。ここに商品を置いて温室を店舗のように使うこともある。

植物をつかった蒸留酒等を開発する繊細な仕事と旺盛に育つみどりのコントラストを感じる。

園の中にある百葉箱が小さなライブラリーに。ここで本を取って自分の好きな居場所で本を読む。

みどりの空間というと建築が主で、そこにみどりがどのようにあると気持ちが良いのか、もしくは建築が映えるのかと考えがちである。かつての日本の原風景はその真逆で、みどりが圧倒的な主で畏敬の念を持って接する対象であり、建築はひっそりと佇むというバランスであった。それが良かったのだが、西洋の自然観の導入によりいつのまにか前述のような支配的な考え方が都市に蔓延している。この薬草園を訪れてそのようなことを考えた。オーナー家族は生産と活動を実践しながら、生活の中でみどりとの距離感を日々更新しながら、大きなみどりの中で程よい居場所をつくり出し、自分たちで価値を創造している。居場所が成り立っていく自然な形が見れたような気がした。

耐陰性のある樹木

昔の家には玄関周りにナンテン（難が転ずる）やヒイラギ（魔除けの意味）を植える風習があった。また厠（トイレ）のある北側にはカクレミノを植えたり、金運を願ってセンリョウやマンリョウ（千両、万両）を植える。いずれの植物も家と家の間の日当たりがあまり望めないような場所でも艶やかな葉を芽吹きみどりの空間をつくる。

①ヤツデ

天狗の団扇のような大きな葉が特徴的。冬時期に円錐状に白い小花をつける。

ナンテン

竹のような幹と冬の赤い実が特徴。「難が転ずる」として縁起木として親しまれる。

②ヒイラギモクセイ

ヒイラギとギンモクセイの交配種とされる。鋸葉が特徴。

③ツバキ

寒い時期に白やピンクの花を咲かせる。細葉の台湾ツバキが人気。

シンボルツリーのザクロとヒイラギモクセイ。ブロック塀を解体してコデマリなどの灌木を植え込んだ。

他の集合住宅中庭の事例。シマトリコやモミジの他ヒメシャガなどの下草を植え込んでいる。

[笑門の家 植栽プラン]

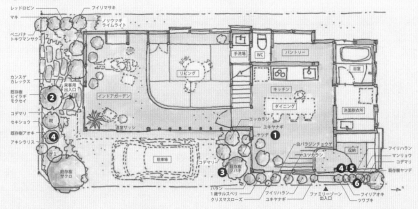

④アオキ

かなり暗い場所にも耐える。冬に艶のある葉と赤い実が印象的。

⑤ハラン

かなりの日陰に耐える。殺菌作用があるのでお料理の仕切りに用いられる。

⑥マンリョウ

江戸時代から流通する古典園芸植物。正月の縁起物としても活用される。

カクレミノ

和風、洋風どちらの庭にも似合う。秋の紅葉が美しい。

18 / セミパブリックな宅地開発

深大寺ガーデン（東京都調布市）
— 田丸雄一＋グリーン・ワイズ＋古谷デザイン建築設計事務所

深大寺ガーデンは三鷹駅と調布駅の間に位置する。生産緑地（植木の圃場）だった場所に住宅や店舗からなる3棟がおおらかに配置された「つながる暮らし」をテーマとしたプロジェクトである。そのため周囲には塀を設けず、誰もが誘われるように入っていくことができる。一方でゲリラ豪雨対策として敷地外への雨水流出を抑制するレインガーデンが設けられており、周囲にはオオモミジやシダレヤナギが植栽され水辺の景観をつくり出している。建築の南側や西側には既存のケヤキをはじめナツメ、常緑ヤマボウシ、コナラなどの樹木が緑陰をもたらし心地よい窓際の空間をつくりながら室内へ差し込む日射を軽減している。また、食べられる庭（エディブルガーデン）の植物はレストラン「Maruta」（スケッチ）にて保存食やノンアルコールカクテルなどとして提供され、1つのテーブルを囲み気楽に食事を楽しめる。

1

2022年生産緑地法による農地指定の解除により、課税が宅地並みとなり多くの地主が土地を手放し、経済至上主義的に行われる宅地開発によって大半のみどりは消失することが予想されていた。深大寺ガーデンはみどりの景観の保全や災害時の余白を担保することを目的に一部敷地を売却し建設資金を捻出、敷地内のみどりを残した計画となっている。また太陽光、雨水利用、蓄電池、地場産材の活用や使用材料のトレーサビリティ、エディブルガーデン（食べられる庭）などの試みが評価され米国のLEED for Homes プラチナ認定を取得している（その後2018年に特定生産緑地制度が施行され、従来通りの税制措置にて農地を維持することも可能になっている）。

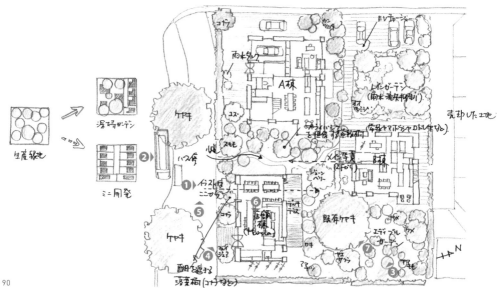

道路を挟んで対面より全体を見る。街路樹の大きなケヤキのボリュームとバス停とレストランの関係が程よい。

中庭のエディブルガーデンを見る。生産緑地としての環境を継承。レストランで使用する食材を生産する。

レストラン「Maruta」のファサード。薪置き場と暖炉の外観にフェイジュアなどの実のなる樹木が寄り添う。

広い歩道に接して佇む。歩車を隔てる街路樹と植樹がまちの景観を担保するとともに西日や視線の緩衝帯となる。

有機野菜の即売会と薪火での調理作業が同一のテーブルで行われている店内の様子。

レストランでのイベントの様子。みどりのため建物間に必然的につくられた空間が会場となった。

薄暮のレストランMarutaに訪れると、シェフの石松さんが笑顔で迎えてくれる。ふとエントランス横の冷蔵ショーケースに目をやるとお庭で取ったのであろう植物や果実をつけた保存食がところ狭しと置かれている。中庭の大きなケヤキの下で焚き火にあたりながら暖かな滋味深いスープや焚き火の味がする焼きマシュマロを食す。この場所は決してアプローチが良いわけではない。しかしここでしか味わえない五感に響く経験を求めて人々が集まる。環境イベントなど深大寺ガーデンの能動的な活動が価値を発信し、共鳴する来訪者はそこに植わるみどりになったかのように当事者となってその価値を能動的に発信する。

19／グリーンチェーンの起点となる

ロザ ヴェール（山梨県中巨摩郡昭和町）
── 後藤みどり、古谷デザイン建築設計事務所

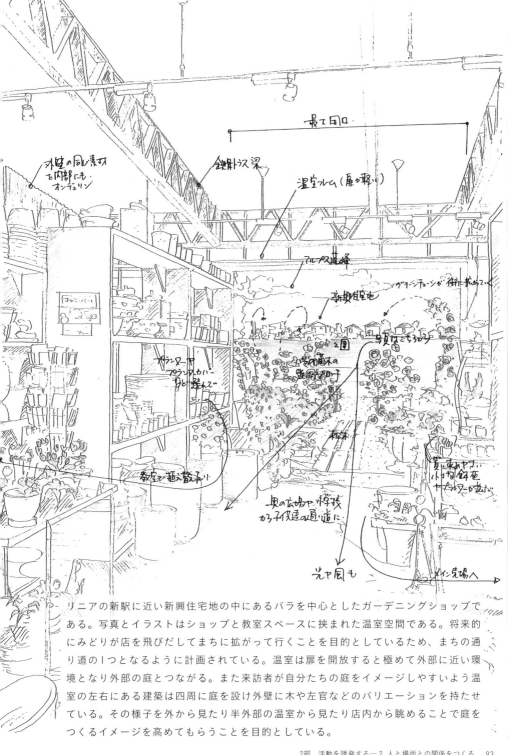

リニアの新駅に近い新興住宅地の中にあるバラを中心としたガーデニングショップである。写真とイラストはショップと教室スペースに挟まれた温室空間である。将来的にみどりが店を飛びだしてまちに拡がって行くことを目的としているため、まちの通り道の1つとなるように計画されている。温室は扉を開放すると極めて外部に近い環境となり外部の庭とつながる。また来訪者が自分たちの庭をイメージしやすいよう温室の左右にある建築は四周に庭を設け外壁に木や左官などのバリエーションを持たせている。その様子を外から見たり半外部の温室から見たり店内から眺めることで庭をつくるイメージを高めてもらうことを目的としている。

上の写真の温室を挟んで右に木張りのショップスペース。左に左官壁の教室スペースの構成。建物は敷地のほぼ中心に配し、敷地の東一帯には朝日が好きなバラ苗の売り場としている。建築がバラを中心としたみどりに囲われ、室内と庭の関係が四周に展開されるように配置計画を行った。また、植物と人間にとって居心地の良い空間となるよう、短辺方向と同様に長辺方向も空気が通る計画として、窓際にはアルコーブなどを設けた。サッシは少しインセットして庭が室内に呼び込まれるよう工夫をしている。

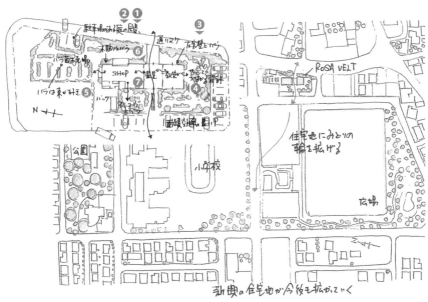

竣工5年後の店舗の様子。植物と建築の幸せな関係がファサードを構成している。

フランス製波板が貼られている南面も薔薇が建築を覆っている。後ろ姿はオーナーの後藤みどりさん。

フランス製波板と薔薇の取り合い。外壁の留め材を頼りに薔薇を誘引している。

敷地東一帯の朝日の当たる条件の良い場所に薔薇苗の売り場を設けている。専用什器で地面から浮かせている。

木張りの壁面を見る。意図していた通り、建築がバラに覆われ、建築が負けていく様子。

インセットしたサッシにより外部の庭の雰囲気を取り込む窓辺のアルコーブ。

「みどりやグッズが売れるようにすることも重要ですが、これまでみどりに関心を持たなかった人にとってのきっかけをつくることができたら嬉しいです」と後藤みどり先生はおっしゃった。笛吹市にあった旧店舗は3世代が過ごしたご自宅と大きな木々や温室やガゼボなどが点在し、そこかしこにバラが溢れる、それはもう言葉では表すことのできないみどりの幸せな空間があった。例えるのなら映画「魔女の宅急便」のキキのお家のような。トゲのあるバラを日々管理して毎年綺麗に花を咲かせる。みどりと生活が一体化した暮らしの体現。良い土、良い水でバラ苗の生産を行いながら、この幸せな関係を人々に伝える、なんと貴重な仕事かと思う。

20 / 世田谷に森をつくって住む

経堂の杜（東京都世田谷区）
── チームネット 甲斐徹郎

みどり越しの涼しい風が吹き抜ける

葉の透けるコナラの枝葉

繁茂するオリーブの枝葉

よすの日除け

DIYのベンチスペースが陣取るみどりの空間

手すりこしに世田谷のまちなみが

カウチ

ローテーブル

養蜂箱

世田谷区経堂にある、チームネットのコーディネートによりつくり上げられたコーポラティブハウスである。写真、スケッチは完成後20年を経た屋上庭園である。

大きく育ったコナラやオリーブの瑞々しさは、適切な土厚を伴った屋上緑化の設計がされていることの証左である。屋上での居場所づくりのためにつくり込まれた屋根付きのベンチスペースは、まさにみどりの空間である。大きく育った木々に守られ世田谷の家並みを見晴らす配置。リラックスできるベンチのカーブライン。足の延ばせるカウチ。数人で囲ってガーデンパーティを楽しむことのできるローテーブル。これをプロデューサー自身が20年の居住による身体感覚を伴って完全DIYでつくりあげていることがこの場所をスペシャルなものにしている1番の要因である。

1

「経堂の杜」は全12戸からなる環境共生住宅である。「世田谷に森をつくって住む」をコンセプトに既存樹木の保全や積極的な緑化手法によって現在のようなみどりに埋もれる建築として周囲の景観保全に貢献している。またチームネットが提唱するコミュニティベネフィットの概念（共用部の価値が個人の利益（資産価値の向上）に結びつけられること）を体現しており、その有り様が経堂というまちのブランド力向上にも貢献するなどみどりの空間が大きく活躍している。

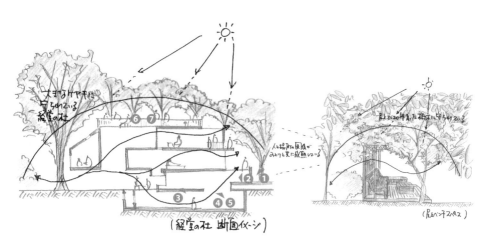

（経堂の杜 断面イメージ）

（屋上バーゴラスペース）

1階南側にはドライエリアの上部にかかるパーゴラにモッコウバラなどが繁茂し、みどりの屋根になっている。

東側の玄関。壁面に施されたワイヤーに蔓性の植物が繁茂しみどりのアーチを形成している。

ドライエリアより上部のパーゴラを見上げる。モッコウバラや周囲の高木越しの光が差し込む。

木漏れ日の差し込むドライエリアでホームパーティーの準備を行う甲斐さんご夫妻。

ガーデンパーティの最中にメンテナンスをしに来た他の住人がふらっと立ち寄って会話が弾む。

住人有志で管理をしている養蜂箱。美味しい蜂蜜をいただくことしばしば。

『まちに森をつくって住む』というチームネットの名著がある。10年ほど前にその本を読んで感銘を受けた若かりし私はよく外から「経堂の杜」を眺めていた。ただみどりを植えることはいいこと！ではなく、みどりがあることで個々人としてこれだけの利益があり、その重なりがまち並みを形成するという考え方は単純なようで実践が難しい。"森をつくって住む"という概念を広めつつ、自ら企画した住宅に住まい、20年に及び人と場所との関係を構築してきた甲斐さんの自作のベンチは凄みがあり、ご夫婦のホスピタリティと相まってここにしかない特別なみどりの空間が構築されているのである。

21 / みどりに浮かぶノアの方舟

泉南動物病院（大阪府泉南郡熊取町）
― 古谷デザイン建築設計事務所＋みどりの空間工作所

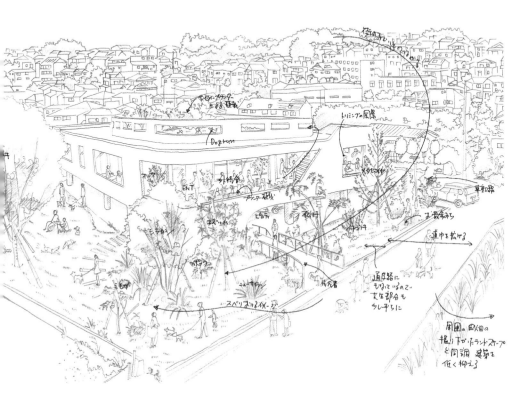

熊取町を日本一動物に優しいまちに。病院に用のない人でも集まれる場所に。院長の
熱い想いを受け、すり鉢状の敷地に建築を浮遊させ、気軽にみどりの公園にアプロー
チするような建築とランドスケープの関係を構築した。雨の日の動線確保、及び強い
日差しを避けるように駐車用ピロティがあり、周囲の庭に対する縁側のような存在に
なっている。敷地内のみどりはこの病院に関係を持つ方々の寄付により造園され、そ
のみどりがこの場所への愛着を育てるアイテムともなっている。敷地の前面道路沿い
には法面を保護し、河原のようなイメージをつくるためにコウライシバを張り、敷地
内に滑り降りるようなイメージをつくっている。2階の外待合には深底の木製プラン
ターを並べて開放的にした。屋上ドッグランにはナーセリーポットにオリーブやシマ
トネリコ、常緑ヤマボウシなどを植え込んでいる。このようにまちと人と動物の関係
を結び育んでいく、"方舟"のような存在を目指した。

1

7つの診察室に加え、トリミングルームやホテル、CTや腹腔鏡手術などの高度な医療に対応するための諸室を完備。ストレス軽減のために犬と猫で待合スペースと診察室を分離している。イヌシデ、イヌエンジュ、ネズミモチ、サルスベリ、ネコヤナギなどの動物の名前が入る樹木や「明日成ろう」の意味を持つアスナロ、新芽に譲るように古い葉が落ちるユズリハなど成長をイメージさせる樹木、ビワ、ミカンなどの果樹も豊富に植え込んだ。これらのみどりが来訪者のみならず、働くスタッフのストレス軽減にも役立つことを願って計画した。

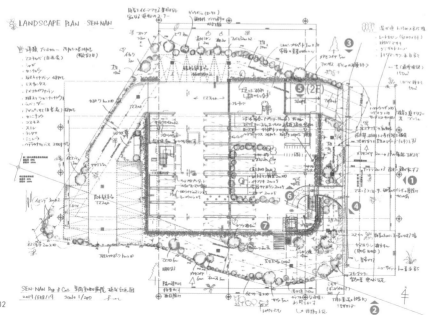

まちのみどりや田畑と敷地のみどりが連続する風景。接道する敷地の一部を歩道として提供している。

西側から病院を見る。1階部分をピロティーにして浮かんでいるような意匠とした。

みどりの土手と同調するように建築は有機的な曲線で構成されている。将来みどりに浮かんだような病院に。

木製のプランターを手すり壁にインセットしている。壁面からモッコウバラやエニシダなどの植物が溢れる計画。

ハイサイドライトから光が降り注ぐ大きな吹き抜けの待合室には上伸性が高く丈夫なカポックを配置。

植樹祭の様子。手前のピロティーが大きな内縁となり庭がそれを取り囲む。

「お祝いの気持ちを泉南動物病院のみどりに」。これまでこの病院との関わりを持ったペットオーナーや建設関係者の方々から寄せられた寄付の額は想像を超えた。それらを原資とした地植えの樹木やプランター植栽、屋上ドッグランのみどりが日々成長し、すり鉢状の敷地に建った病院がみどりの海を泳ぐノアの箱舟のような佇まいに変化していくことをイメージしている。植えたみどりの管理は弊社で請け負っているが、聞けば院長自ら草抜きや芝刈りをしているそうだ。「歳をとって引退したらここのベンチに座って犬たちに話しかける名物おじいちゃんになる！」という。健やかにみどりが成長した森の動物病院で院長の願いが叶うことを祈るばかりだ。

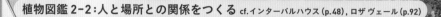

バラで建築を覆う

「インターバルハウス」北側の玄関である。写真左側の植栽帯からモッコウバラが伸びて建物を侵食し始めている。植え込んでから3年経過の状況である。特にアーチなどを設置せずともバラの旺盛な成長力で自然のウエルカムアーチをつくり出すことが可能だ。

①レイ
四季咲き。黒赤紫色で上向きの花を3輪程度まとめて咲かせる。

②グラハムトーマス
山吹色の花で3輪程度の房咲き。花型を長く保つ。

ロココ
杏色で波打つ花びらが印象的で優雅で上品な印象。

玉鬘（タマカズラ）
小輪のつるバラ。棘が少なく誘引しやすい。

インターバルハウス。手前がグラハムトーマス。奥は雨樋を介して屋根まで登ったスノーグース。

「ロザ ヴェール」。オンデュリン（フランス製波板）に登攀するギーサヴォア（ピンク）とルージュビエールドゥロンサール。

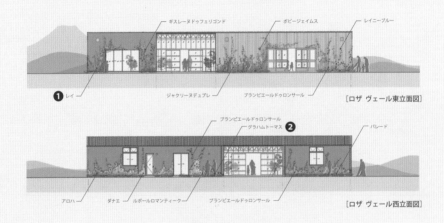

[ロザ ヴェール東立面図]

[ロザ ヴェール西立面図]

リトルブルース
強く切り戻しても開花するのでベランダなどの小スペースに向く。

ロイヤルサンセット
オレンジ色の花と照り葉で明るい印象をつくる。

スノーグース
白色の小輪の花。春は30、秋は10輪くらいの房で咲く。

サリーホルムズ
花先がピンクがかった白い花を咲かせる。低いフェンスなどに向く。

22 / Life is IDÉE

IDÉE SHOP 旧本店（東京都港区、現存せず）
— 黒﨑輝男

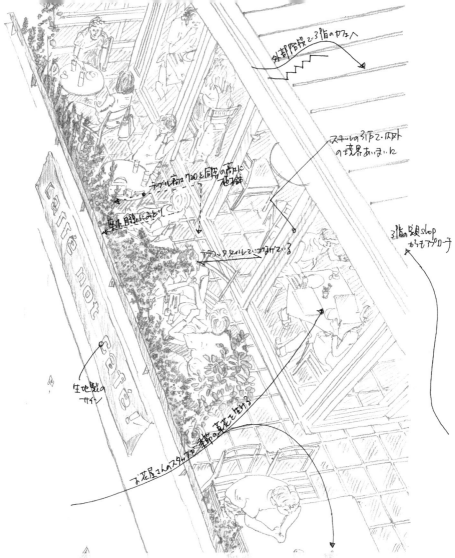

"IDÉE" はフランス語でアイデア、理念を意味する。南青山、骨董通り、ブルーノート東京の前にかつて存在していたライフスタイルショップが IDÉE SHOP 旧本店である。通り沿いには flowers@idée という花屋があった。大きく育ったシマトネリコやミモザの脚元に鉢植えが並び、小さな金属製の小屋には季節の草花が陳列されていた。店先にとどまらず店内の家具に添える草花や観葉植物、カフェテラスのテーブルサイドにはバジル、セージ、ミント、ローズマリーなどのハーブ類が植え込まれ、お料理やカクテルに使用されていた。IDÉE に来店するゲストは家具を1つ買いにくるというよりは、家具の周りに展開するみどりを含めた空間を買いにくる、という表現がしっくりくる。みどりを扱うスタッフが店内のライフスタイルシーンに合わせて生花を生けるように値札のついた植物を置く。こうしてみどりのある生活を IDÉE は発信し続けていた。

1

1995年から2006年まで南青山で営業を続けたIDÉE本社には入口が3箇所あった。1つ目は花屋を抜けてリビングルームへつながる。2つ目は中心のエントランスから大型エレベータと階段へ。3つ目は雑貨を販売するステージフロアを通る入口である。それぞれ緩やかにカテゴライズされた生活シーンに応じて家具や生地やグリーンがレイアウトされるとともに生活雑貨や書籍、飲食など複合的に展開する店舗としては先駆けであった。この理念を核として道向かいにアジア家具を扱う「パシフィック」、神宮前には海外での展示会を礎とした「スプートニクパッド」、創業初期からあるソファ「paysan（農夫）」シリーズをグリーンとともに展開した「メゾンドヴェール」と目覚しく展開した。その合間には東京デザイナーズブロックなどのデザインイベントもありながら本店を通してその価値観を表現しデザイン業界を牽引していた。

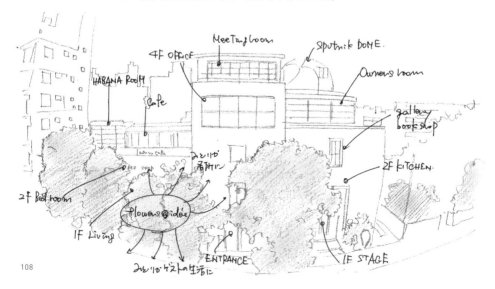

エントランス。オオイタビカズラが壁面を登はんし、歩道の街路樹とともにみどりのトンネルをつくっていた。

flowers@idée。季節の草花が小さな鉄製の小屋に所狭しと並べられ住まいへの彩りの沿え方を伝えていた。

リビングフロア（家具売場）。トックリランやエバーフレッシュなどの観葉植物がシーンをつくる。

ステージフロア（小物売場）の一角。座り心地の良さそうなソファと美味しいコーヒーと植物のある暮らしを演出。

デザイナーの名作家具が並べられたコーナー。ドラセナ・ソングオブインディーの大株が緑陰的な空間をつくる。

プレジデントルーム。壁面のみどりとともに、室内に優しい光がさす。落ち着いた空間のイメージをつくる。

　たくさんの高価なものに囲まれた生活よりも季節の草花一輪と美味しいコーヒーを風の抜ける空間で楽しむ方が贅沢ではないか？　生活の探求をテーマに鉄と木の工房で新しいデザインをつくり南青山でその本質的な豊かさを売る。知人の結婚パーティーでIDÉEを知り、ゴリゴリに建築の道を進んでいた私はなぜかゼネコンの設計部とこのIDÉEの入社試験を受け、そしてIDÉEでのキャリアをスタートさせた。入社後みどりが好きという単純な理由でガーデニング部門を切り盛りし、個人邸からイベント空間、大規模な商業施設までみどりを媒介に多くのプロジェクトで経験を積んだ。みどりは建築やプロダクトの間を上手に埋めてくれる。カチカチしたモノとモノの間を優しく曖昧なものにしてくれる。その曖昧さに人々は共感をし、自分もその空間に居たいと思って見たり、実際につくろうと考える。

23 / みどりのトンネルを抜けて

eatrip / THE LITTLE SHOP OF FLOWERS（東京都渋谷区）
── 野村 友里（eatrip）、壱岐 ゆかり（THE LITTLE SHOP OF FLOWERS）

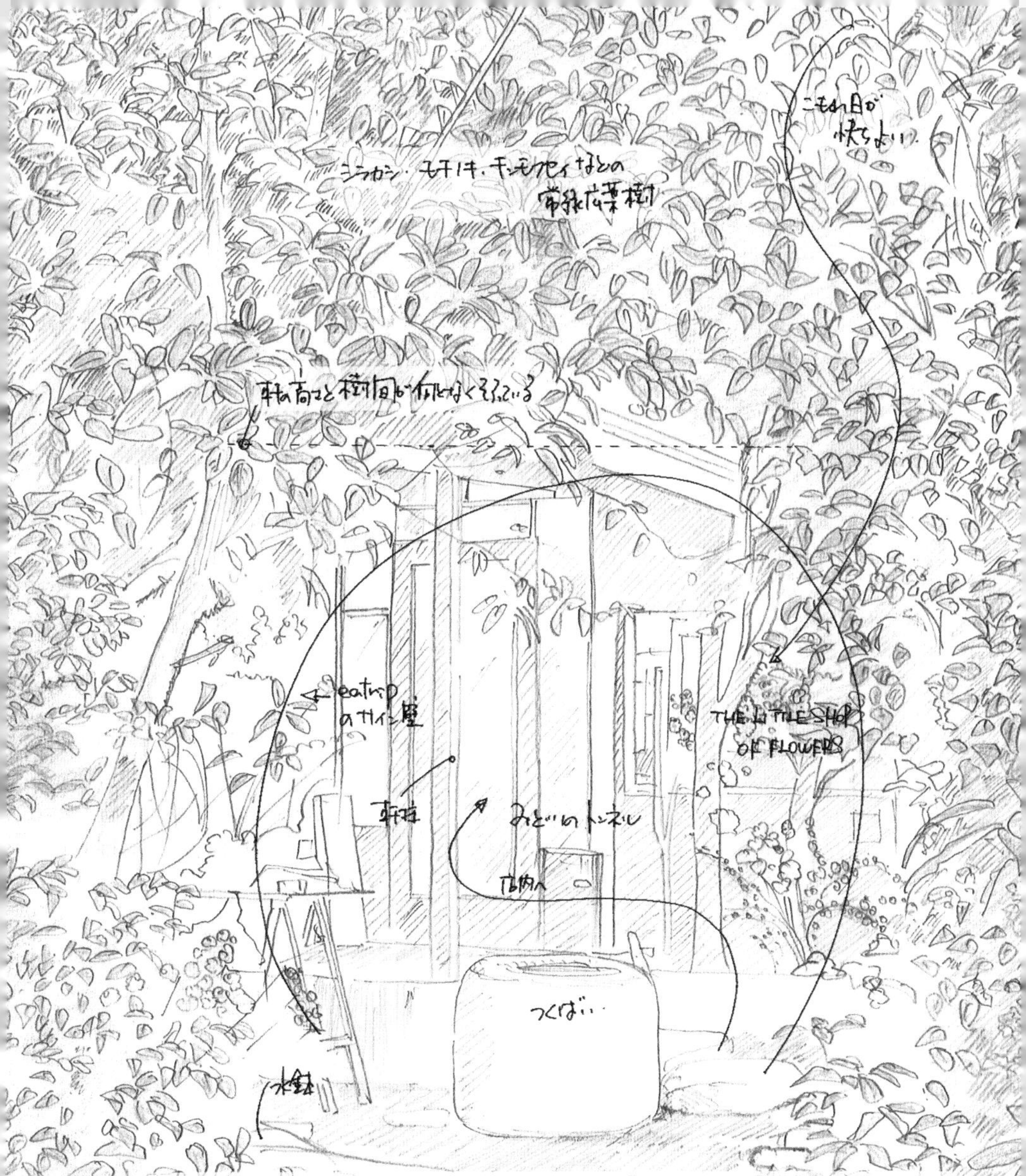

こもれ日が快らよい

シラカシ・モチノキ・キンモクセイなどの
常緑広葉樹

軒の高さと樹冠同じかそれよりも低くなっている

← eatrip
のサイン屋

軒先

みどりのトンネル

店内へ

THE LITTLE SHOP
OF FLOWERS

つくばい

水鉢

表参道にほど近い住宅を改装したレストランとフラワーショップである。道路からこの雰囲気はまったくうかがい知れない。小さなサインに誘われるようにアプローチすると両隣の敷地の建物の間にカシ、モチ、モクセイなどの常緑樹がみどりのトンネルを構成している。石畳に沿って少し歩くと少し前が開けて木漏れ日とともに何やら建物が現れる。建物の軒は周囲の樹冠より下か同じくらいの高さにあるため樹冠下は建築の軒下から連続するように感じられる。隙間からさす陽光が花々を照らしトンネルを抜けるとパッと明るくなって異空間にたどり着いたような錯覚を覚える。

もともと存在していた常緑照葉樹がつくるみどりの空間の中にレストランと花屋がそっとお邪魔しているという状況である。樹木のつくる時間帯によっては変位する木漏れ日を見つけてその場所を特別な場所（花売り場）にしたり、石畳と蹲（つくばい）によって誘われる昔住宅として使われていた玄関の趣をそのままにレストランとしているところなど、みどりに対する尊厳がうかがえる。"建築"と"ランドスケープ"と言うように建築空間とみどりの空間を分けて考えるのではなく、床の間に相性の良い掛け軸と季節の草木を生けるような感覚で空間をつくり出している点が特質すべきことである。

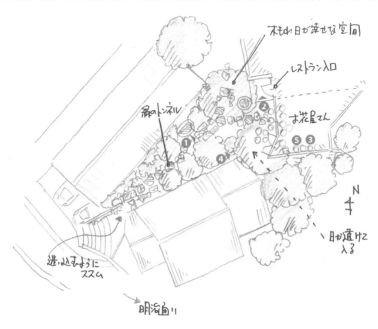

2

食と植物を扱う意味の店名がモルタル壁に刻印されている。ドライフラワーが店名に寄り添う。

3

レストランのテラス席を見る。お花屋さんと庭とつながる構成で、低い天幕がスムーズに空間と庭をつなげる。

4

みどりの濃い常緑樹も日に照らされライトグリーンに。その木漏れ日がお花屋さんのみどりを照らす関係。

5

左の写真の内部を見る。お花のボリュームによって見る高さを変えて、綺麗なお花をより楽しめる。

野村友里さんと壱岐ゆかりさんはIDÉE時代に時間を共有した仲である。生活の探求をテーマに、IDÉEでは身の回りのあらゆるデザインに興味を持ち、アマチュアリズムの精神でつくりたいものをつくり、そのセンスでモノやコトを売っていた。現在その精神はこの場所に受け継がれ息づいているように思う。こういう場所にこそみどりと建築の幸せな関係があり、クリエイティブが生まれる種があるのだと、この場所に立つと、つくづくそう思う。「こうすれば格好いいでしょう?」という作意のある空間という感じがしないのにしっかりと均整が取れていて居心地がいいという点に人々は感化され惹きつけられるのではないか。

24 / 山麓に点在する草屋根

ラ コリーナ近江八幡（滋賀県近江八幡市）
藤森照信＋中谷弘志

和洋菓子のたねやグループがものづくりのコンセプトを詰め込んだ複合施設である。
琵琶湖の西岸、山裾の広大な敷地に草屋根のメインショップ、本社屋、飲食店舗、温
室などが点在する。駐車場で車を降りた来訪者は誘われるように草屋根の建物を目指
し、オカメザサの絨毯を抜けて店舗に吸い込まれる。丘の中はどうなってるんだろう
と興味津々の列ができ、その丘（建築）を抜けると草屋根の回廊が「奥はもっと面白
いよ」と誘うように伸びている。農業体験などができる田んぼや畑を取り囲むように
伸びる回廊は"超ロング縁側"でもあり軒下で焼きたてのバームクーヘンを頬張りな
がら景色の中に没入できる仕掛けになっている。特に説明がなくともこの草屋根の構
造物がこの場所の楽しさを教えてくれるのである。

敷地西側の八幡山のみどりとオカメザサのランドスケープ、草屋根の建築が溶け合っている。オカメザサの草丈で人の体が1/3くらい隠れていて、皆みどりを分け入って進んでいくように見える。低く抑えられた草屋根の軒下では、大きな木の下で休息を取るように人々が佇むことができる。大規模な駐車場も、緩やかな垣根と優しい舗装色、芝目地、サインの工夫で周囲の自然に馴染むように設計されており、建築を目立たせないことに貢献している。軒が低いことで草屋根のみどりを眼前に感じることができるため、木陰の下に潜り込むような素朴な心地よさを作り出すとともに、室内の大きな吹き抜け空間のダイナミックさとのコントラストを生み出している。

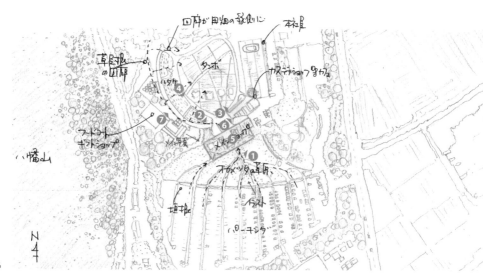

②

マジックアワーの空と草屋根の建築。こぶが連なり小高い丘の集積のような外観。芝生は適度に伸ばしているようである。

③

カステラショップ＆カフェ。駆け上ることができそうな丘の下に低い軒下空間があり、人々があつまる。

④

畑の外周を取り囲むように走る草屋根の回廊空間。木と漆喰のインテリアがモダンで柱間の１つひとつが窓のように感じられる。

⑤

メインショップの吹き抜け空間。１階は物販、２階は飲食スペースとなっている。漆喰に黒い小石がまぶされたようなインテリア。

⑥

カステラショップの軒下空間。芝生のランナーとオカメザサなどの地被植物が空間を縁取る。

⑦

回廊空間の芝棟、銅板屋根、焼杉、丸太の構成。ここからみどりの景色を眺め、みどりの活動が広がっていくための展開通路となる。

ものづくりの企業がその生産と販売の行為と地域貢献性の両立を目指して、来訪者のワクワク、農業に関する新しい学びの場の提供など、二重にも三重にも面白い企画が折り重なっている。その思いをこの大きな草屋根のみどりが優しく包んでいるような全体的な雰囲気がつくり出されている。フードコートは力の抜けたデザインで気軽にショッピングや飲食が楽しめるスペースが設けられており、子どもたちが楽しそうに駆け回る姿を見ながら、焼き立てのバームクーヘンを頬張ることができる。夕日に照らされる草屋根を見ながら、ここではみどりが頑張って建築に張り付いているのではない、建築と仲良くなろうとしているのだと感じ、きっとそこが共感を呼ぶのだろう。

25

景観とともに人々を引き込む

黒龍酒造 酒樂棟（福井県吉田郡永平寺町）
— 古谷デザイン建築設計事務所

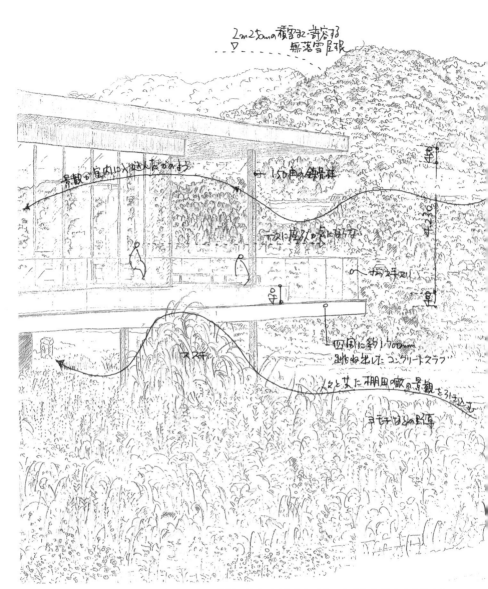

酒造りの原材料となる棚田（米）と九頭竜川の流れ（水）そしてその水を生み出す山々の木々。それらの景観をすっと引き込むため、200mm×200mm、4.8mピッチの鉄骨ラーメンが最大積雪2.25mの無落雪屋根を支えるスレンダーな構造である。飲食スペースからも景観を楽しめるようにテラスの四周は一段落ちたコンクリートの片持ちスラブが張り出されており、ベンチに座った人影が室内からの眺望を遮らないようにしている。そのスラブラインがそのまま棚田と同調し約50mの大きな涼み台のように棚田に浮かんでいる。テラスの軒下となる1階には必要最低限の諸室を設けた他はおおよそ周囲のランドスケープ（土中の岩石、棚田の畔を構成する野草）が貫入し、前面の広場から景観とともに人々が建物に引き込まれていく。

1

棚田の一面が浮遊し突き出したような格好の建築は季節や太陽の角度によって刻々と移り変わる風景を楽しみながらお酒を楽しむ場として「酒樂棟」と名付けられた。日本酒の製造、試飲、販売、飲食及び休憩などの機能を内包する室内と甲板のようなテラスがセットになった建築である。スギを中心とした山々のみどり、悠々と流れる九頭竜川、サクラやアジサイに彩られる鮎街道。これらの景観が室内外を区切るガラスに透過反射し、映像のような景観と実際の景観が折り重なり現れる。

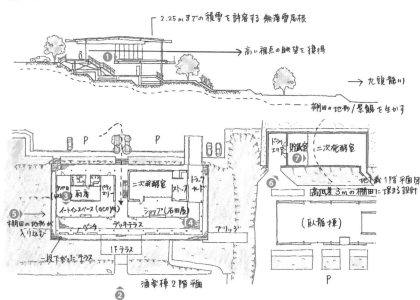

酒樂棟2階平面

2

屋根とテラスの大きな板が山間に口を広げたような外観。
この建築を中心に酒文化の発信が行われる。

レストラン「acoya」より景観を眺める。外部ではテラス
面に座り一段下がった床に足を下ろす。

2階テラススペース。手前のガラスに対面の地下蔵が映り
込む。景観が室内に引き込まれているかのよう。

1階テラススペース。柱とはね出したスラブの意匠が周
囲の景観を内へ内へと引き込む。

棚田の地形を生かしたトンネル状の地下蔵。野草の生え
る土壌が低温醸造のための室温を安定させる。

地下蔵のインテリア。室温の違う2つの貯蔵室を区切る
ガラスのパーテーションで構造を見通す。

建築が主役にならずに、山や川や棚田といった酒造りの原風景の中にそっとお邪魔をし
て、その空気感とともにお酒を味わう。景観と一体化することで生まれる浮遊感が相乗
効果となってその場所が特別なものになる。今後の植樹や既存植生の復活によってより
建築は風景の一部となってなじみ、かつてからここにあったかのような場所になる。建
築を考えることがランドスケープを考えることと同義でありたいと願い設計をした。両サ
イドのガラスボリュームの効果によって景観が室内外を交錯し魅惑的に展開する現象を
見たとき、まさに建築とランドスケープが融合し夢が叶ったのかもしれないと思った。

下草で足元を彩る

大きな木々の足元で少し日陰になるような場所で可憐に主張する草花をいくつか紹介したい。暑さ寒さに強く一面をみどりにしていくれグランドカバー植物は建築とランドスケープを馴染ませるときに重宝する。また一面のグリーンに誘われて人々がその場所に興味を持つきっかけにもなる。

アスチルベ

白やピンクの綿菓子のような花が半日陰や梅雨時期の雨天に風情のあるシーンをつくる。レベルに差をつけて平行に列植すると映える。

シャガ

葉はやや厚く光沢があり半日影の土手などのグランドカバーに向く。妖艶な花を多数つける。

イワナンテンレインボー

別名セイヨウイワナンテン。光沢のあるカラフルな常緑の葉で日陰でも丈夫に育つ。歩道に少し飛び出すように植えると良い。

斑入りヤブラン

丈夫で手がかからず、幅広い環境に適応する。白い斑が暗い庭を明るくしてくれる。堀の際などに植えると良い。

ローズマリー

這性と立性とある。大きなブッシュとなり洋風な雰囲気をつくる。手で葉を揉むとハーブの香りが立つ。石やコンクリートなどに添えると良い。

アシュガ

根が浅く横に広がる性質なので、直射日光の当たらないシェードガーデンに向く。何株かまとめて植えて面をつくるのがよい。

泉南動物病院の開院祝いのイベントを兼ねた植樹祭に
集まった人々。

「大森ロッヂ」の路地に植る路傍の草花。ギボウシ斑入
りヤブラン、ヘレボレスオリエンタリス。建築の基礎を
隠す。

泉南動物病院。お祝い花の気持ちを植栽に振り替え
てもらう試み。思いを寄せる人たちの支援でできた
庭に人々が引き込まれる仕掛け。

ツワブキ

大きな丸型の葉が間を埋めてくれ
る。冬季の寂しい時期に黄色い
花をたくさんつけて目立つ。落葉
樹の足元などに植えると良い。

アガパンサス

白花と紫花とある。梅雨時期に
ヒガンバナのような景気の良い
花を咲かせる。常緑で冬季もみ
どりを保つ。何株かでラインと
出すと良い。

斑入りキキョウラン

白い斑入りの幅のある葉がくっき
りと庭に浮かび上がる。やや大
きく育ち地下茎で広がる。日が
当たりすぎないところが良い。

ヘレボレスニゲル

別名クリスマスローズ。少し暖か
くなり始めた時期に首をもたげ
るように下向きに花をつける。
目線レベルに植えられるとなお
良い。

斑入りナルコユリ

黄色い斑入りの花で華やいだ雰
囲気をつくる。スズランのよう
な清楚な白い小花をいくつもつ
ける。アプローチの足元に植え
るのが良い。

ヒューケラ

葉色のバラエティーが豊富でカ
ラーリーフプランツとして人気が
ある。寄せ植えに向く。何種類
かまとめて植えるのが良い。

column1　ディズニーランドにおけるみどりの空間学

優れた民間の公園

　1983年にオープンし開業40年を迎えるディズニーランドと2001年にオープンし開業20年を超えたディズニーシーに見ることのできるみどりの空間について考えてみたい。

　実家が船橋市で、娘の幼少期に年間パスポートを家族で所有していたことなどから毎週のように通っていた時期がある。

　後述するが、建築を学ぶものにとってディズニーランドが避けるべきまち並みの比喩として用いられた時期があった。しかし近所の公園のような場所として認知し、造園の仕事をする自身にとっては、なんと優れたみどりの環境であるかと思うことしばしばであった。沿岸部における寒風や潮風をバームと呼ばれる樹林帯で防ぎ、すり鉢状になった敷地内の環境を安定化するという大きなランドスケープが存在するのはご存知だろうか。その基本形の中で特異な樹種を使うことなく、それぞれのエリアの演出の背景になる植栽計画がなされている。

　ホーンテッドマンションの前にはわざと剪定を抑えて暴れさせたおどろおどろしい形のカイズカイブキが恐怖感を演出する。ビックサンダーマウンテンの周囲にはサボテンが植え込まれて荒涼とした乾いた大地の雰囲気を演出している。新しく登場した美女と野獣エリアにはヒマラヤスギなどの針葉樹がフランスの北東部アルザス地方の雰囲気を演出している。スペースマウンテンのあるトゥモローランドでは常緑樹が幾何学的に刈り込まれ近未来を演出、ジャングルクルーズのあるアドベンチャーランドでは東京の気候に順応させたのであろうか観葉植物が豊富に植え込まれて熱帯の雰囲気を演出している。長い年月をかけて適切な管理によって成長したみどりは定着し、その環境をつくる要素として建築を凌ぐ存在となっていることが来訪者の居心地の良さの獲得に貢献している。

みどりを育てる人々の愛情

　「ランドスケープデザイン」（45号、2009.4、マルモ出版）にも詳しいが、パーク内に専門の造園セクションを持ち、日々弛まない管理が行われていると聞く。記事内で印象的な話がある。「私たちはここを家だと思って働いています」耳馴染みのある言葉に聞こえるかもしれないがこのマインドこそがみどりの空間を醸成する最重要ポイントであると感じる。オリエンタルランドの経営マインドによる大きな功績なのであろうがキャストと呼ばれる働き手による主体性がディズニーランドのみどりの生き生きとした美しさを担保している。季節の草花が綺麗に花壇にうわっているが目立った花がらを見ることはない。パーク内の清掃同様に手入れが行き届いていないなと感じることもまずない。いつも綺麗に枝が剪定されていて風が抜けて空間が小気味よく繋がっている。そうすれば虫もつきづらい。キャストの一人ひとりの頭の中にこの植物のこの枝はこう展開してゲストに綺麗な花を見せるだろうとか、植え込む時少し傾けてみどりに囲まれているように感じてもらおうとか、とにかくよくみせよう、よくみせようとみどりが語っているのが見て取れる。

　少し話が逸れるが、筆者は社宅などの集合住宅を改修して再販するような事業においてデザインを行った経験が多くある。環境志向の高まりも手伝って、ディベロッパーには建築工事に比べて費用対効果が高いと考えられる植栽工事に重きを置く風潮が存在する。植栽設計施工を得意とする我々が既存樹を生かしながらデザインを付与し建築とみどりのバランスを調整をする。しかしみどりのデザインを凝るほどに植栽管理費が上がるという現実がある。ディベロッパーからすると綺麗になるのはいいが管理費が上がるのは避けたい。個人邸の自分の庭という概念と違い、集合住宅の場合は植栽帯が共有部であり、

自分たちのみどりという認識が育ちづらい。費用は分担するも管理は管理会社任せとなる。そこで共用部に住民世帯それぞれの植栽マスを設け、その集合体がマンション全体の景観をつくるような仕組みと造作などの提案をしてきた。

脱ディズニーランダゼイション

前述の「ランドスケープデザイン」の平塚圭のコラム「COLUMN2 来訪者もランドスケープの一部である」（雑誌中のp.23）で中川理著『偽装するニッポン』の中にある「ディズニーランダゼイション」に言及している。"建築のキャラクター化"という論旨で、かつての私の先生でもある石山修武も建築史のなかで特筆すべき風潮として扱っていたことを思い出す。建築は人の営みと風土の中から生まれる最高芸術であるという視点からすると、ミッキーマウスのつくる建築は亜流と見て取れなくもない。

しかし現実は、40年という時間がみどりを成長させ、建築を隠し（馴染ませ）、建築の脇に添えられたみどりが大きく成長したことで居心地の良い場所に変化している。記事でも言及しているが、特異なみどりを使って華美に演出することを避けて、日本人の原風景でもある照葉樹を大きな背景として用いて風景に対する安心感を得ている点も大きいのだろうと思う。建築を構成する材料はおおよそセメント系材料に高度なエイジングを加えた仕上げで、素材の本質的なエイジングはない。それでも長期の施設メンテナンスの観点と、無理矢理言えばその分みどりの環境向上と維持に向けて調和を保つというマネジメントが成立している。

オスカーニーマイヤー風のデザインのレストランに繁茂したローズマリーとカーペットのような芝。大きく成長したスズカケノキがつくり出す緑陰や分厚い緑帯に配されたベンチで植物とともに日向ぼっこするゲストの風景など、少し前まで建築が頑張ってつくり出そうとしてた風景が非常に自然な形でみどりが担っているのを見るにつけ、ディズニーランダゼイションの時代は終わりディズニーランドスケープの時代がやってきたのだと感じる。

昨今は商業施設におけるみどりの効用が語られるケースが多い。建物の緑被率が高まると施設の滞留率が高まり売上の向上に貢献するという論旨である。収益物件という点では賃貸住宅も同様で、一昔前は緑化条例の基準を満たす最低限の植栽量でサツキやツツジだけが植わっている光景が蔓延していたが、最近ではみどりを付加価値としてリーシングを行うケースを多く見るようになった。しかしやはり、「泰山館」（p.40）のように健全な植栽管理が伴って、価値が日々向上していく形が理想である。

弊社設計の「渋谷モディ」（p.142）や「eM/PARK BLDG.」（p.172）などの商業系の建築も大きくその辺りを意識している。「渋谷モディ」では建築の印象を和らげるみどりの効果を長期に維持管理できるように植栽マスの形状やメンテナンスの動線を確立する一方で、フェイクグリーンも多用し視覚的なみどりの効果に期待もしている。「eM/PARK BLDG.」では建築の階層一つひとつを地面と捉えて建築の床とみどりが同面に存在する工夫をしている。建築に張り付けるみどりではなく地面に近い土壌環境を建築とともに設計をしてできるだけ"いい顔をしたみどり"と建築が同居している環境をつくることが肝要である。

総じて建築とみどりを分けて考えずにその間の魅力に光を当てることが必要なのだ。その感覚がまさに本書のテーマでもある。

—— 3部 ——

create architecture

建築化する

1. 室内環境を整える
2. 建築エレメントになる
3. まちに根付く仕組みをつくる

26 / 気の巡る町屋

ひとともり奈良本店（奈良県奈良市）
— ひとともり一級建築士事務所

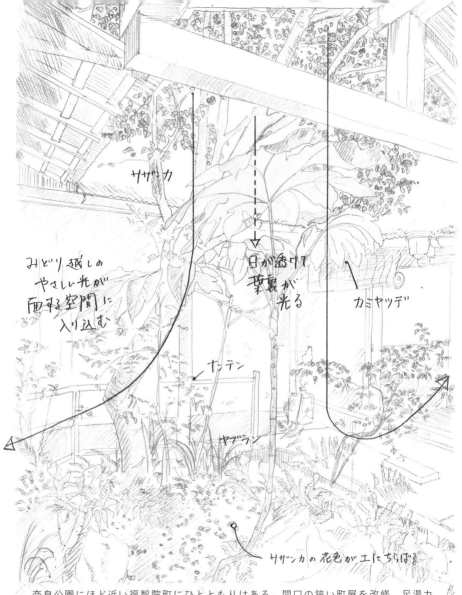

サザンカ

みどり越しの
やさしい光が
面する空間に
入り込む

日が透けて
葉裏が
光る

カミヤツデ

ナンテン

ヤブラン

サザンカの花色が工にちらばる

奈良公園にほど近い福智院町にひとともりはある。間口の狭い町屋を改修、足湯カフェと一棟貸切宿、設計事務所が同居する。新旧の屋根が折り重なり合う中庭にはサザンカ、カミヤツデ、ナンテン、シダ、ヤブランなど耐陰性のある樹木や下草が対面する２つの間を繋ぎ薄灯を中庭にもたらしている。昔からあった造作を丁寧に残しながら現場で吟味をしながら新しい素材をはめ込んでいったと言う。透明の屋根で明るさを付与した土間空間にはみどりがそっと寄り添い、来訪者の気持ちを安らげる。観光資源が隣接する敷地ならではのサービスと設計事務所が同居することによって、日々新しいコンテンツが生み出されるという。取材時には中庭に面する広間でヨガセラピーが執り行われていた。

1

奈良公園を縦断する国道を南下し、みどりの雰囲気を一手に迎え入れるような場所。奈良ホテルや興福寺、東には東大寺や春日大社と多くの昔からある建築と深淵なみどりとの共存による空気感がそのまま注ぎ込まれるかのような窓が建物に設計されている。いわゆる気の良い条件が揃っている。中庭のみどりは公園のみどりと呼応する関係が意識され設計されている。みどりの木陰で寛ぐ鹿の優雅な姿が目に浮かぶならまちの景観と同軸にこの場所を捉え、お茶を飲んだり、時には1泊して楽しむのもよいだろう。狭小な土地であっても周囲のみどりの情景をイメージしながらつくられた庭がここにある。

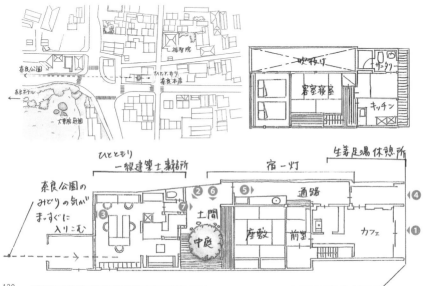

中庭の錆びたトタン屋根がバラックの趣を醸す。枝垂れるサザンカの葉が強い光をやわらげる。

奈良公園のみどりが建築の北端の窓に導かれるような構成で、建築の場所性が強調される。

自然や環境そして人を手がかりに真心を込めて美しいデザインを行うという意味が込められた屋号。

台所や蹲に季節の草花が生けられ空間に緊張感を与えている。

坪庭。サザンカのピンクの花びらが坪庭の土を覆い季節感を伝える。

カミヤツデの繊細な葉のイメージと呼応する障子で仕切られる空間。

ひとともりの長坂さんは「ひとと場所との関係をつくる」という表題にぴったりの人だ。いつも困っているとこういう人いますよとクリエーターを紹介してくれる。そんな長坂兄ぃの人柄に惚れ込んで彼の周りには人が集まり、自身が奈良のデザイナーコミュニティの核になりつつあるように感じる。そんな長坂さんのひとともり本店はその家族愛や友人愛の詰まった豊かな空間であり、坪庭のみどりはそんな思いから奈良公園全体みどりを思わせるのかもしれない。

27 / 親密な建築を目指して

東京クラシック 馬主クラブ棟（千葉県千葉市）
— 古谷デザイン建築設計事務所

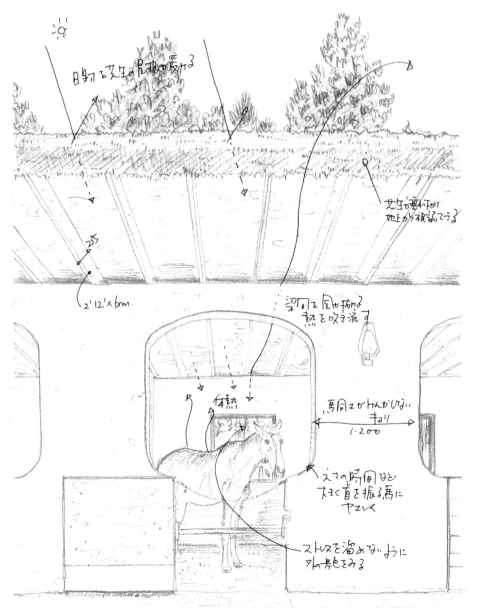

日射を芝生の屋根で受ける

芝生の舞い下がり地上から視えている

2'12'×6m

35

朝日を風が抜ける 熱を吹き流す

馬同士がけんかしない キョリ 1,200

体熱

えさの時間など大きく首を振る馬にやさしく

ストレスを溜めないように外の景色をみる

これまでにないクラブライフの実現を目指して東京クラシッククラブは創立された。ゴルフ場を中心に馬主クラブ、畑、グランピング施設など週末のクラブライフを家族で楽しむことができる。ゲストの目に留まるように東南向きに開放されたヨーロッパ式（半屋外式）の厩舎には3.0×3.6mの馬房が20室ある。厩舎の屋根にはコウライシバを敷き込み断熱効果を期待。強い日射による輻射熱を軽減する。また馬体より上昇する熱気は梁間を通る風が吹き流す設計だ。ゴルフ場の10番ティーグランドと屋根面のレベルはほぼ同一で、かつ芝生がゴルフ場から屋根面にまで連続することで同一の世界観が視界に広がる設計としている。

1

馬主クラブの敷地は20年放置された植林の圃場で、手前の森のクラブハウスはシラカシやモミジなどの広葉樹であるのに対し、杉の針葉樹林帯であった。その規則的な樹間や軸線を頼りに縫うように建物は配置されている。いわば杉の樹冠の上にやさしく引き敷かれた芝生の絨毯のような屋根が馬の住処を包み込むようなイメージである。その絨毯が馬の室内環境を整える。徒長してしまった杉の木立の下にひっそり佇む厩舎の前面、レンガ壁のボリュームは高さ6.5mに設定されている。馬の寝床になるオガは毎日交換する必要があり、それを搬入するトラックの跳ね上げた荷台が当たらない高さである。

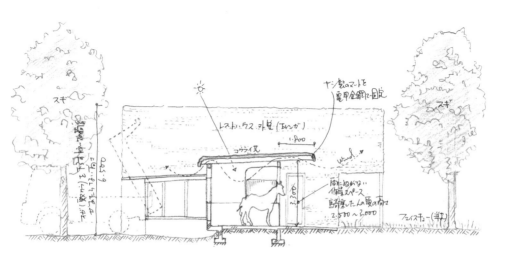

芝生の屋根の高さは馬に騎乗した人の頭が当たらない
高さに設定した。随所がホーススケールに則って設計
されている。

杉の樹冠と芝生の屋根、写真下部のフェイスキューの
放牧地が一体となってみどりの空間をつくっている。

コウライシバの屋根面が奥に見えるゴルフ場の芝生と繋
がっていく。ゴルフ場の中でも外乗することができる。

レンガの建物の内部を見る。開口部からみどりの空間
が入り込む。馬を眺めながら寛ぐことができる。

厩舎と丸馬場。木立の中にリニアに設計された箱の上
にみどりの屋根がかかる。

夜景。梁間の風の抜け道が光の筋になって現れる。夜
の黒い森の中に馬の住処が浮かび上がる。

あるアワードで審査委員の方から「誰もが親しむことができる親密な空間ができている」
というような評価をいただいたことがある。屋根の上のみどりを見せることと内部の熱気
を吹き流すことを両立させた軒先のカーブラインや、馬の首振りの衝突軽減を目的にし
た開口部の形状など、丸みを帯びたデザインと有機的なみどりの相性はいい。みどりの
帽子を被った厩舎と木々の樹冠が織り重なって、同じ日の光の中にできる多様な日陰が
合わさってなんとも居心地の良さそうな居場所が生まれそれが親しみを持って受けいれ
られる。そういう親密性の高い空間をこれからもつくっていきたい。

28 / 木陰をつくるような建築

名護市庁舎（沖縄県名護市）
— 象設計集団＋アトリエ・モビル

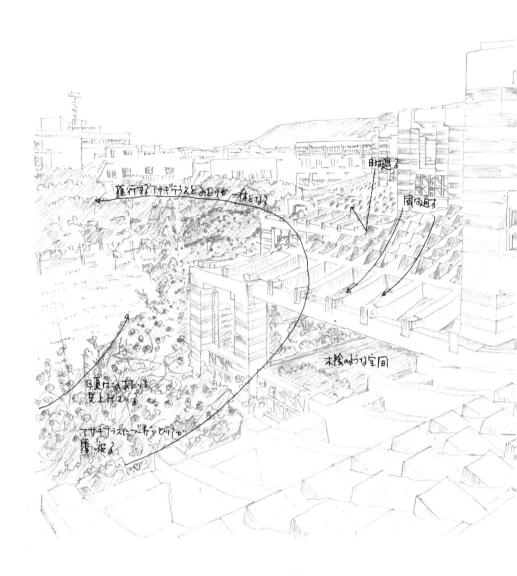

沖縄県にある名護市庁舎である。1981年築。象設計集団とアトリエ・モビルによる建築である。この建築は北側の芝庭に向かって触手が伸びるようにテラス空間が集積し外観を形づくっている。「あさぎテラス」と呼ばれるそのテラス空間には隙間を伴った日除け屋根があり、ブーゲンビリアやクッカバラなどの植物が成長し覆い被さることで、適度に日射を制限する。北向きに配棟されており、日差しの抑制されたテラス空間から涼風を室内にも取り込むような工夫（風の道）が施されている。植物と樹木のような傘を被った建築はもはやその風化した色合いと周辺の成長したみどりと一体となって建築化し、大きな木々の緑陰のような過ごしやすいスペースをつくり出している。

1

前庭に植わるインドボダイジュ越しに市庁舎の全景を見る。台風が多く日差しの強い亜熱帯地域
の沖縄にあって、イスラム建築のようなボーダーデザインと花ブロックの手すり、コンクリート瓦
のあさぎテラスの外観は、建築が達成すべき機能と景観の融合を見事に成し遂げている。1枚1
枚の瓦が木々の葉と同調してみどりと建築の一体感を感じさせている。周囲の景観を巻き込む建
築造形の強さと中間領域の連続による室内外の反転感は建築の内と外という概念を忘れさせる。
それは近傍の備瀬にあるフクギの並木道を歩くときの気持ちよさと似ている。まさにみどりととも
に建築化された空間がそこにある。

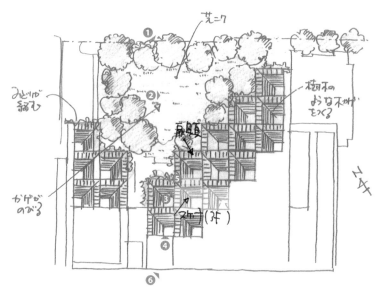

2 グランドレベルのテラスと庭の関係。青々と育ったコウ
ライシバと同様に地面から建築が生えているようである。

3 早朝の光がテラス空間に差し込む。屋根の先端には覆い被
さるみどり越しの光。柱を頼りにみどりが登はんして屋根
に覆いかぶさる。

4 エントランス通路より前庭を見る。柱、梁、屋根などの建
築の構成要素とみどりが一体となって建築化されている。

5 上階より上下にも折り重なるテラス空間を見る。ドラセ
ナやブーゲンビリアなどが建築に寄り添う。

6 58号線沿いに設けられたシーサー。市民を見守る神々と、
日差しと強風を抑制し室内環境を担保する花ブロックの
意匠が景観を形作る。残念ながらシーサーは2019年に安
全性の観点からすべて撤去されてしまった。

7 備瀬のフクギ並木。密度高く植え込まれたフクギは潮風
を防ぐ防風林と日差しを抑制する機能を果たす。

　私が明治大学建築学科4年生の頃、早稲田大学の石山修武研究室に進むか、北海道の
象設計集団に入所を希望するか迷っていた時期がある。OJ会 編『大竹康市番外地講座
これが建築なのだ』を読んで感化された私は当時、象設計作品を見て周った。この名護
市庁舎も三たび訪れている。沖縄地方は本土との風土の差がある。東京のお花屋さん
に並んでいる観葉植物が普通に道端で自生している。旺盛なみどりと高温多湿な気候に
対峙するコンクリートブロックの造形は、経年変化も手伝って建築が負けてみどりに覆
われることを許容している。沖縄のコンクリートの都市の中に樹木のような建築がいつ
までもそこにあり市民の生活を見守っている。建築の理想の姿である。

灌木類でシーンをつくる

比較的広い敷地での植栽計画で重宝するのが灌木類（ブッシュとも言われる）である。大きな既存樹の少し開いた空間に主従の関係で植え込むとメリハリのある景観をつくることができる。室内から庭を見通す窓でトリミングした時、高木の足元に植えたシャクナゲの大輪の花がポイントになったり、膝丈の草地に背の高さの穂がなるポッププッシュなどが修景のポイントになったりと、インテリアにおける絵のようなシーンをつくる。

シャクナゲ
ツツジの花を合わせたような球状の大きな花をつける。花の王様とも言われる。

ドウダンツツジ
春の鮮やかな黄緑の葉とスズランのような子花が一際美しい。紅葉も鮮やか。

トベラ
海辺近くに自生する。艶やかな葉が落葉樹と組み合わせやすい。

ブルーベリー
育てやすいので収穫を楽しめる庭先に植える。紅葉が美しい。

東京クラシッククラブ馬主クラブの休憩スペース。いくつかのガラスから周囲の景観を取り込む。

建築のコアを低く抑え、建築を極力透けさせることで背面のみどりを透かし見る。外部環境に近い内部環境を作る。

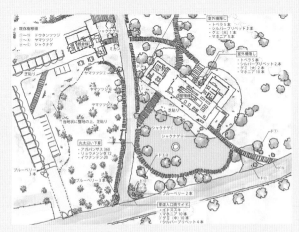

東京クラシッククラブ 配置図

道を挟んで右はシラカシを主体とした常緑広葉樹の樹林帯にある「森のクラブハウス」、左はスギの木立の中に佇む「馬主クラブ」。建築の周囲にはブルーベリーやドウダンツツジ、シャクナゲの灌木を植え込み既存の自然の林の中に花や新緑や紅葉が目に留まる修景のポイントをつくっている。

マホニア コンフューサー

細葉のヒイラギ。サラサラと風に靡くので玄関先などに合う。

ジンチョウゲ

2月にいち早く春の訪れを芳香で伝える。半日影にも耐える。

イトススキ

細葉のススキ。枝垂れる姿が風流を感じさせる。

シルバープリベット

淡い白とみどりの小葉が明るく、どのような景観でも合わせやすい。

29 / 街角をつくる立体の庭

渋谷モディ（東京都渋谷区）
—エイムクリエイツ＋古谷デザイン建築設計事務所

渋谷区神南（明治神宮の南）エリアの南端に位置する商業施設（旧丸井）の改修計画である。改修のポイントは3点である。明治神宮のみどりを想像させるグリーンボリュームの構築と商業施設としてのシンボル性を最大化させること。広告収入となるデジタルサイネージと建築デザインの融合。最後にみどりに抱かれた溜まり空間の創出である。壁面のみどりは既存構造躯体を包み込むように厚みを持たせた設計になっている。建築の柱、軒、庇がすべてみどりで構成されたような格好で、外観からは大きなみどりの構築物として感じられるとともに、内外の（ここでいう渋谷のまちとピロティ）境界をみどりやサイネージで曖昧にする効果をもたらすことで人々の流入を促すことを狙った。

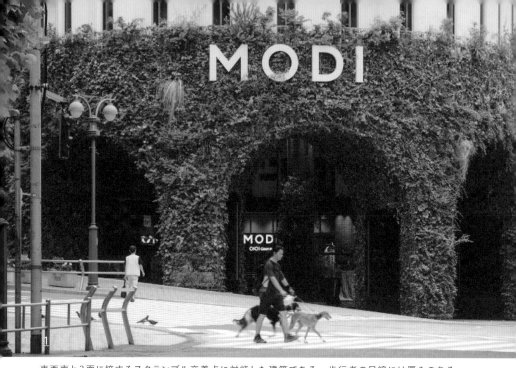

東西南と3面に接するスクランブル交差点に対峙した建築である。歩行者の目線には厚みのあるみどりの壁と埋め込まれたサイネージとを交互に見る関係をつくっている。建築の構成要素がおおよそデジタル広告であり、それを土壌にみどりが生育するさまを演出するのが渋谷のこれからの景観をつくるのにふさわしいのではないかと考えた。一方でピロティに佇むとみどりのアーチが窓枠のようになって渋谷のまちをトリミングする。このようにしてプランター方式の壁面緑化によって立体の建築化された杜をつくり出した。

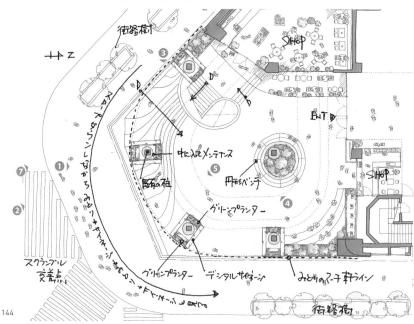

交差点を行き交う人々と建築。ファサードのグリーンボリュームが明治神宮の分杜のようになればと考えた。

坂の上からピロティ内部を見渡す。側面にはフェイクグリーンも補植している。経年で生の植物が凌駕する計画。

ピロティ内部で雨宿りする人々。みどりのボリュームは天井に向かって3次元曲線で迫り上がるデザイン。

内部よりアーチを介して渋谷のまちを見る。みどりのボリュームが外部の風景（庭）を切り取る。

みどりの壁の内部。ステンレスのプランターの下部の奥行を絞り下の植物が出やすいようにしている。

店舗サインに絡むみどり。アーチ上部には60cm程度の深底プランターを設置。中木まで植え込んでいる。

渋谷の街角をデザインするチャンスをいただいた。若い頃、渋谷丸井に通っていた身としては感慨深い話であった。当初は円柱とブラックステンレスで構成されたファサードでピロティはもっと開放的な空間であったが、そのスペースを少し閉じ気味にして森の中に入り込むような印象になっていると思う。建物と敷地ラインの離隔がほとんどなく、植栽などで奥行き感を出すことが難しい。そこで既存ストラクチャーを包み込むように壁面緑化に厚みを持たせた。光に向かって伸びる植物がさらにその厚みを増してくれる。普段見下ろすような植物が目線の高さにあってなんだか山登りをしているような感覚にもなり、渋谷を訪れるときは廻り道をしてその成長を確認している。

30 / みどりのカーテンが領域をつくる

ホテルムーンビーチ（沖縄県国頭郡恩納村）
— 国場幸房＋国建

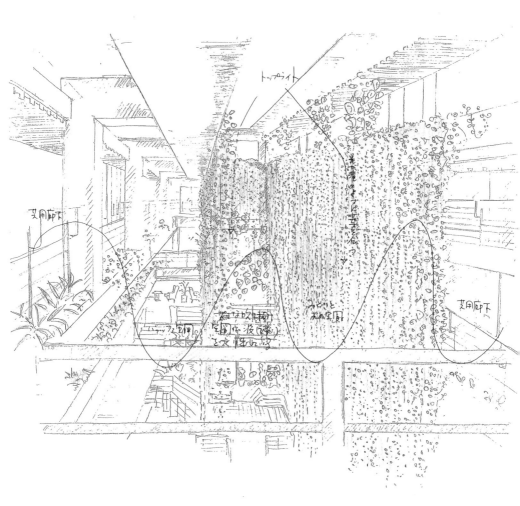

1975年の沖縄国際海洋博覧会に合わせて開業したムーンビーチホテルである。ホテル
は中庭を有し共用部を屋外化したプランニングで1年を通して沖縄の温暖な気候をホ
テル内でも味わうことができる。水盤のある中庭の上部は大きなトップライトとなっ
ている。各階に設置された植栽マスよりポトスが下垂し大きなみどりのカーテンをつ
くり出している。ポトスの一葉一葉に光の軌跡が映され幻想的である。障子を通した
光のように僅かなもれ明かりを共用廊下で感じることができる。廊下には客室の扉が
並んでおり中庭を介して対面する部屋同士のブラインドとしても機能している。もは
やこのみどりのカーテンは多機能化された建築の壁である。

1

三日月型のビーチに面するホテルは大きく一層部分が持ち上げられ風が吹き抜ける設計になっている。中庭のポトス以外にもクッカバラ、セローム、モンステラなどの植物が建築の手すりや軒に絡み、建築全体がみどりで覆われる計画だ。中庭の水盤から立ち上がる蒸気が葉に水分を与え、トップライトからの光による光合成で鮮やかなライムグリーンを保ち続けている。このようにインテリアに精気を与えるとともにハードな建築を柔らかな存在として人々に感じさせることができる。椅子に座ると海風が頬を撫でる。居心地の良いスペースをつくり出すみどりの力は偉大である。

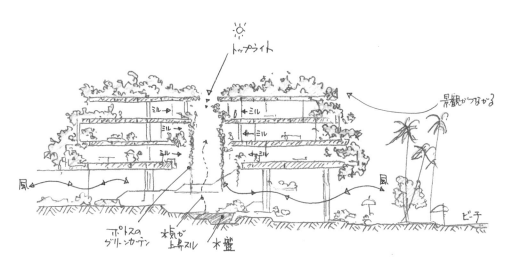

国道側からのアプローチ。躯体の出隅がRに処理されて
おり植物との相性が良い。船のような外観。

レストランよりビーチを見る。大規模な高床式で、海辺
の空気をみどりを通して建築に招き入れる。

中庭全景。中庭を囲むように客室が並ぶ。建築の柱梁や
手摺と同様にみどりが建築の一部になっている。

2階の共用廊下を見る。中庭のトップライトから燦々と
降り注ぐ光がみどりのカーテンにより抑制される。

室内プール。中庭と同様にスラブの先端に植栽マスを設
えており植物が下垂する。

ホテルのサイン。ハマユウ、クサトベラ、シンガポール
デイジーなどのグランドカバーが海に映える。

　沖縄特有の建築とみどりの関係である。45年という長期に渡り建築を管理しみどりの状
態を保ちつづける運営者の姿勢に敬服する。言わずもがな植物は生きものであるので、
病気にもなれば虫もつく。原因もわからず突如枯れ出すことはよくあることで、人工地
盤の場合はよりそのリスクは高まる。みどりを建築に寄り添わすことは簡単なようで難し
い。これだけの長さと量が垂れ下がればその重量も計り知れず、おそらくは適切な剪定
作業が伴っているのであろう。短く刈り込んだりするのが常套手段であるが、そうはせ
ずに来訪者が「わーすごい！」と写真をとって楽しむ姿を管理者の方は見て喜んでいるの
かもしれない。

31 / 人工の樹冠がつくるハイパーな景観

Gardens by the Bay (シンガポール)
— Grant Associates

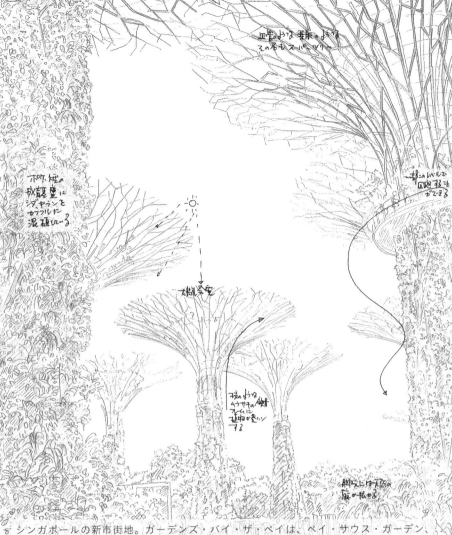

シンガポールの新市街地。ガーデンズ・バイ・ザ・ベイは、ベイ・サウス・ガーデン、ベイ・イースト・ガーデン、ベイ・セントラル・ガーデンという3つの水辺に面した個性的な庭園で構成されている。世界中の植物を新しい方法で魅力的に紹介しており、アジア屈指の庭園観光地の1つである。シンガポールでは日本のレベルをはるかに超える、国策としての緑化事業のスケールを目で見て感じることができる。空港に降り立つと、室内の大きな壁は本物の緑で覆い尽くされ、少々大袈裟ではあるがまち中のビルというビルがとにかく緑化されている。この樹木を模したスーパーツリーはその文化の象徴とも言える。現地に立つと写真で見るほどの威圧感はない。アイレベルでは壁面のみどりが繁茂し建築を隠しており、周辺の庭園と相まって、森の中に奇抜な鉄塔がニョキニョキ生えているという風情である。疑似自然のサイクルをハイテクノロジーで実現し、観光資源としても活用するシンガポールという都市ならではの景観づくりである。

1

スーパーツリー、外庭園、大きなガラス温室はベイ・サウス・ガーデンの造園のキーポイントである。見た目通り紫色の枝に様々な植物が生育しており、一部のスーパーツリーの樹冠に設置された太陽光発電セルは、太陽エネルギーを利用し、夜間のスーパーツリーのライトアップのためのエネルギーを補っている。シンガポール各地の公園・庭園から発生する刈り草や枝葉はバイオマス燃料として活用され、除湿の際に発生する高温多湿の空気をスーパーツリーより排気する。全熱交換器を通して除湿冷却された空気が温室に送られる。そういった背景がある中で、木に登り景観を楽しみ、常春の環境を再現した屋内温室では南極以外の大陸の植物や花を鑑賞することができる。

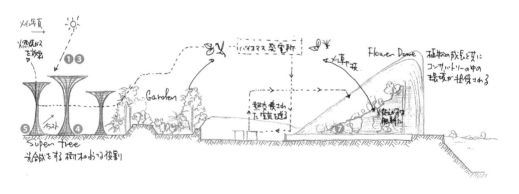

<u>2</u>
イスラエルの建築家モシェ・サフデイ
設計によるマリーナベイ・サンズを背
景にベイ・サウス・ガーデン入口を見る。

<u>3</u>
2つのスーパーツリーの間を繋ぐ長さ
128mのOCBCスカイウェイ。高さ22m
の擬似木の樹冠からの俯瞰を楽しむ。
眼下に庭園の景観が広がる。

<u>4</u>
OCBCスカイウェイよりサークル状の
芝生広場を見下ろす。木陰に人々の休
息する姿が。都会の中のオアシスのよ
うに活用されている。

<u>5</u>
スーパーツリーの根元には、緑豊かな
庭園を眺めながら休憩できるよう、来
場者のニーズを考慮した設計になって
いる。

<u>6</u>
ガーデンズ・バイ・ザ・ベイの18本の
スーパーツリーは、高さ25mから50m
の垂直の庭として、ブロメリア、シダ、
熱帯花木を展示している。

<u>7</u>
フラワードーム内のカフェ。南極以外
の大陸の10万株以上の植物が、温室
で紹介されているという。

ガーデンズ・バイ・ザ・ベイのサステナブルデザインは、自然のサイクルから着想を得
ており、その取り組みを風景としてシンボライズする特例と言える。日本ではみどりを壁
面になんとなく固着させてなんとなく環境に優しいでしょという雰囲気を感じさせるもの
が散見されるが、ここまで筋が通っていると、この並外れた意匠も妙に清々しく感じら
れる。そんな明るい環境共存型都市開発を標榜しながらもみどりが鉄塔に絡みつく様が
見ようによっては終末的なディストピアを想起させなくもないところが面白い。

32 / ランドスケープ化する建築

Heritance Kandalama（スリランカ・ベントタ）
— Geoffrey Bawa

黒い柱梁 手摺の構成
オリーブ色の壁面

屋上のみどりの幹のような
細い柱 (2000苗床)

ユッカ

5階のみどり
(客室のバルコニー)

樹冠の上に
浮かんでいるように
見える

PHOTO

芝生のグランドレベルより 5階目のレベル

古代遺跡が集中するシーギリア・ロックを見渡せるロケーションにこのカンダラマホテルは
位置する。建築は周囲の森と、纏うみどりにより埋もれているように見える。崖地に寄り
添うように建ち、ジャングルに対峙する建築はその華奢な柱梁の構成とカラーリングによっ
て地形化（周囲のランドスケープと同化）している。地上部から旺盛に這い上る蔓性の植
物と屋上部の土壌で旺盛に展開する高木や灌木が倒れ込むようにファサードを構成してお
り、文字通り、みどりが建築化し建築エレメントとなっている。ジャングルとこのみどり建
築の間にはライムグリーンの芝生が広がっており、この明快なコントラストが植物の荒々し
さに一定の品格を与えている。

ホテルはカンダラマ貯水池を望む北側斜面に建つ。建築の壁面には昼間の直射日光は当たらず柔らかな北側の天空の光で育っていることになる。このことも建築とみどりの相性をよくしている大きな要因となる。自ずと暗くなりがちな客室に至る共用廊下は、崖の隙間からさす木漏れ日と景色により森林浴をしているような歩行空間となる。建築は抜けだらけでプライベートな客室と食堂などのスペース以外は開放的なプランとなっており、南北のランドスケープを建築が遮断することなく繋いでいる。崖との近接感、岩肌を取り込んだインテリアなど、どの階にも地面が感じられ、建築の存在が希薄である。

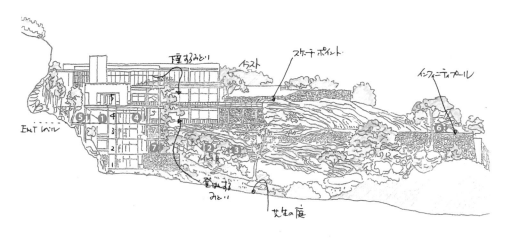

北側のみどりの様子。旺盛なみどりの足元は綺麗に刈り込まれ芝地が広がる。みどりが這うというよりはみどりの中に空間がある。

柱梁は黒。壁面はオリーブ色で全体が統一されている。地盤と建築が接する部分はピロティとして浮いている。

共用廊下のたまり空間。男女の木像が崖と建築とみどりの関係（空間）を見守っているように見える。

レセプションホール。手前の岩肌と建築の華奢な柱が構成する空間。外部との一体感が生まれている。

ジェフリーバワはインフィニティプールの生みの親と言われている。建築と自然の一体化と同じ文脈。

バルコニーの突端にある植栽棚の詳細。華奢なコンクリートの梁に無造作に木材が敷き置かれみどりと絡む。

みどり深い敷地を一旦更地にして設計を始めたのではない。既存の自然環境を大きく削り取らずそっと空間をつくったことで周りのみどりが親しげに寄り添っている。そんな表現がしっくりくる建築である。ホテルでは猿や鳥の鳴き声がBGMとして常に隣にあってロビーに飛び交う鳥がスチール家具に巣をつくっていたりする。当時小学生の娘がそれを覗き込む姿が思い出される。建築が、植物が成長するようにそこにあり、かつてよりそこにあったかのような古建築のような存在感を示している。そんな親密感のある建築をつくりたいと常々考えている。

植物図鑑 3-2：建築エレメントになる cf. 渋谷モディ（p.142）

フェイクグリーンを組み合わせる

壁面緑化や室内緑化は自動灌水など適切な管理手法の確立が肝要である。雨や日の当たらないスペースにみどりを持ち込むには適切な樹種選定が必要であるため、フェイクグリーンを持ち込むという考え方がある。昨今は造花やフェイクグリーンの精度が上がり一眼では区別がつかないほどである。長期間使っていると日が当たって褪色したり埃が積もったりもするが、ある程度メンテナンスを行えば、視覚的にみどりの空間をつくり出すことが可能だ。

フェイクグリーンとして利用しやすい種類

葉が細かめで多肉質のものが偽物感が出過ぎずフェイクとして扱いやすい。
逆に大きい葉で風に揺らぐイメージの樹種は向かない。

ヘデラヘリックス
吸着根を出し登攀する性質を持つつる植物。星型やハート型など種類が多い。

トラディスカンチア
茎がほふくする種類が多く、ハンギングに向く。色や斑の入り方の種類が豊富でよく目立つ。

アガベ
多肉質の葉の先端に棘のあるものが多い。形がさまざまで面白いので近年人気が高い。

ネフロレピス
タマシダ属。葉を縮れさせながら長く羽根のように葉を伸ばす姿が優雅で癒される。

日や雨が当たらない軒裏のグリーンはおおよそフェイク
グリーンのアイビーで補完している。フェイクグリーンも
傷みづらい。

集合住宅エントランスでの事例。日の当たらない半地下
で管理費の圧縮なども図れる。

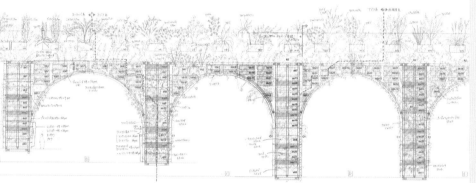

渋谷モディの植栽プラン。日や雨が当たる正面（絵の部分）は生の植物を植え込み、室内側に行くに従ってフェイクグリーンの比率が高まる計画。

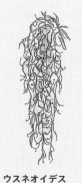

ポトス

ライムグリーンや斑入り
など種類がいくつかあ
る。極めて丈夫で伸び
た枝をカットして簡単
に増やせる。

キセログラフィカ

ティランジア（エアープ
ランツ）の王様と称され
る。大柄な姿で迫力が
ある。

ウスネオイデス

原産国の中南米では緩
衝材に使われていた。
髪の毛のように垂れ下
がる性質。

ビカクシダ

別名コウモリラン。貯
水する葉の凹凸が美し
く大きく広がる葉が特
徴的で人気が高い。

33 / 山のような建築

アクロス福岡（福岡県福岡市）
— 日本設計＋竹中工務所＋Emilio Ambasz

公園のみどりと
一体となって
上昇感のある
グリーンボリューム

アクロス山 高さ60m

建築群と森林群
が混在する
山のような景色

中央区天神にあるアクロス福岡は1995年、旧福岡県庁跡地に竣工した公民複合施設である。25年の歳月を経て建築は山と化している。航空法により制限されている建築高さ60mの周辺ビル群と同等の高さを持つアクロス山は、周辺建築のボリュームに負けず相応のバランスを保っている。エミリオ・アンバースの言葉を借りると「自然と建物の間を調停するもの」として建築がみどりに織り込まれている。郊外の自然のある山と都市のビル群という切り分けでなく、建築が山化して都市環境にかつてからそこにあったかのように鎮座している。そして歳を重ねるごとにその重みを増していく。地域に根差す建築を、という明快なコンセプトとそれを25年間継続し、景観を紡ぎ出している叡智とエネルギーは他に類を見ない。

1

諸外国の都市に比べ緑化率の低いとされる日本の都市にあって、天神中央公園を含めたアクロス福岡のグリーンボリュームは、このくらいのものを都市の真ん中につくらないといけないと教えてくれている。必要な建築床を担保しながらも階段状の断面形の南面は須く緑化され、川側の東面、接道する北西面はなんとも潔くガラスのカーテンウォールの構成である。その明快な切り分けによって公園の樹木や芝生と一体となった特別な地域にとってのみどり空間をつくり出すことに成功している。

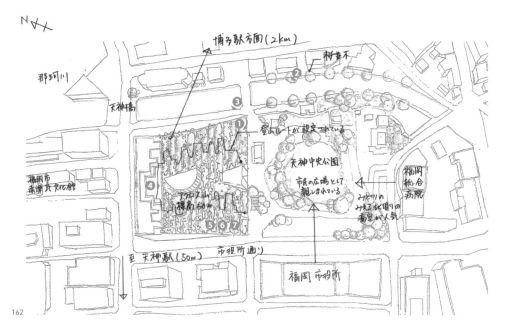

N

博多駅方面(2km)

樹並木

那珂川

天神橋

登山ルートが設定されている

天神中央公園

市民の広場として親しまれている

アクロス山
標高 60m

福岡市
赤煉瓦文化館

福岡総合病院

みどりのみえる北側の席宮が人気

5 6 7

至 天神駅(50m)　市役所通り

福岡 市役所

東面。中央のガラスシリンダーとカーテンウォールが都市の中の山を演出している。

各段の植栽マスは、立木用と下階への下垂用の2段階で構成。建築の出隅がやわらぐ。

頂部より福岡市内を見渡す。建築の高さが制限されていることで、遠方の山並みと呼び合う関係が生まれている。

常緑樹のボリュームにネムノキのおおらかな樹形が折り重なり山の中に入ったかのように錯覚する。

水の流れが可視化された排水装置にハイネズやカヤ、アセビなどの樹木が覆い被さる。

テイカカズラなどのみどりが階段手すりを覆う。建築エレメントの一部としてみどりが機能している。

みどりの成長をポジティブに受け入れ管理を継続していることと、場の活性化が見事にリンクしている。言い換えるならばみどりが日々元気に成長をすることと、場の魅力の醸成が噛み合っているとでも言おうか。通常、都市の建築とみどりは切り離されて計画されることが多く、加えて昨今の管理手間軽減至上主義により本来みどりがもつ力を発揮できず無惨に制御される景観が多いのが実情だ。そんな中にあって、成長を鑑みてときには捕植を行い、剪定整枝を持ち出さずマルチングに活用するなどみどりが生き生きと育つ努力が積み重ねられ、凛として都市に向き合っている姿は輝かしく見える。同行した妻が「なにこれ！山じゃん！」と言葉が口を衝いて出たのが何よりの証左である。

34 / ケヤキの森と同調する屋上テラス

東急プラザ表参道原宿（東京都渋谷区）
── 中村拓志＆NAP建築設計事務所＋竹中工務店

ケヤキ

クスノキ

ケヤキ並木　　　明治神宮

からス手摺子

アセビなどの

明治神宮のみどりが
視覚的につながる

表参道と明治通りの交差点に建つ東急プラザ表参道原宿の屋上、通称「おもはらの森」である。明治神宮につながる表参道のケヤキ並木と人工地盤の屋上に植え込まれたケヤキ、クスノキ、モミジ、ナンテン、アセビ、ツツジなどの明治神宮の植生と同様のみどりが視覚的に繋がっている。商業建築としての集客性と明治神宮につながる表参道としての祝祭性の両立がみどりを介して図られている。手摺などのエレメントの存在をより希薄化すべく手摺子の根元をみどりで隠してガラス手摺とし、ケヤキ並木とシームレスにつながる関係をつくっている。活用が難しいとされる商業ビルの屋上にあって、このように地上であるかのような、この立地ならではの大きなみどりが、多様な居場所をつくることに成功している。

1

アルミ合金でつくられた六角形パターンの外壁がケヤキのふさふさした羽振りと調和している。これがツルツルピカピカで陰影のない素材では、このように建築とみどりに小気味よい関係は生まれない。またこの外壁が垂直でなく、大きくボリュームを欠いた形状になっていることも大規模な建築がもたらす威圧感を軽減し、気持ちよさそうだなと人を引き込むことに繋がっている。屋上に設けられた大きなトップライトから下階まで光が降り注ぐ断面形状やエントランスのミラー張りがさらに導入効果を高め、建築の存在をなるべく外部環境に馴染ませまちに根付くことに貢献している。

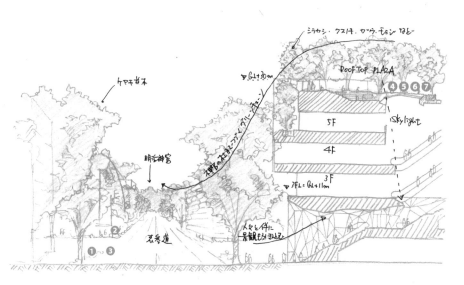

2 地上から建物全体を見る。ケヤキのボリュームと同調するように上下に分節された建築のボリュームが街と対峙している。

3 建物全体高さ30mの約半分と樹冠の高さが揃い、そこからまた地上がはじまるようなデザイン。

4 屋上庭園の全景。トップライトを囲むようハイカウンターがあり、さらにそれを取り囲むようにベンチ状のテラスが展開している。

5 表参道のケヤキ同様、大きな樹木のおかげで居心地の良さそうな居場所が多数生まれている。

6 すり鉢状に構成されているベンチテラス。レベル差により屋上空間が強風から守られている。

7 六角形のベンチと同調するサイン。デベロッパーのまちづくりの理念と建築の意匠について描かれている。

この建築は30mという高さの大きな建築ではあるが周囲の景観に対して敬意がある。また商業建築として求められる諸機能とこの立地ならではの環境を取り込むという2つの要素を見事に両立させている。樹冠が建築に割り込んでいくようなデザイン。ケヤキ並木を行き交う人々を周囲の環境もろとも誘うようなアプローチ空間。引き込まれた人にすぐさま屋上までのつながりを感じさせる仕掛け。このように建築とみどりがデザインされることで、建築の内部空間も外部（表参道のストリート）空間の延長のように感じることができる。

35 / ストリートを縦に積む

HAMACHO HOTEL＆APARTMENTS（東京都中央区）
― 松田平田設計、UDS、the range design

アカシア、オリーブ、メラレウカ
アイサンボク、柿、ローズマリー
など、カラーリーフを混用
しコントラストを出している

建築から〈のみ込みのもの〉を食われている

プランターボックスの関係を積み上げる

ワシ〉木 えなかば オリーブ

井ヤジ

グランドレベルにある街路樹のまわりと人々の関係

中央区日本橋浜町にある地域に根ざした開発を進める安田不動産が手がけるホテル、店舗、賃貸住宅の複合施設である。建築の外周部にはジャカゴのプランターボックスが設けられており、垂直緑化としては比較的大きなみどりが建築からはみ出すように植え込まれており、それがそのまま外観を形成している。写真手前の街路樹と通りの関係をそのまま縦に積んでいったかのような印象である。高層の建築となるとその物理的な距離から地面との関係は薄れ、まちに対してはやや無表情になることが一般的な中で、この建築は一生懸命地面とのつながりを求め、それを室内外から感じ取ることができる。このようにしてみどりと建築が一体となることでまちの中で親しみを持てる対象となり、人々を集める装置となるのである。

対面より建築の下層部を見る。HAMACHO HOTEL&APARTMENTSは手しごととみどりの見える
まちという日本橋浜町のまちづくりコンセプトのもと企画設計されている。多くの人々を受け入れ
交流の拠点となることが目指されている。みどりの溢れるホテルが来訪者を受け入れ、賃貸住宅
に住まう人々がまちに根付く。そのような考え方にリンクするように建築が豊富な植生を纏うよう
にデザインされている。地上部は上層階の枝垂れるカラーリーフの樹種とは趣の異なる日本の樹
種、ヤナギやマツなどが建築のファサードに寄り添い街角を形成している。和、洋と切り分ける
ことなく、かつ日本らしい樹木を前面に主張することによって日本橋の今を演出している。

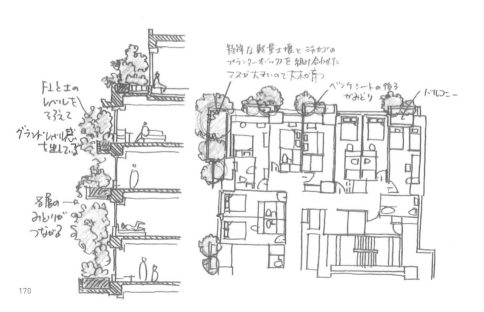

街路樹の樹冠と垂直緑化のみどりが合わさって公共化しているかのよう。これが横に続くと面白い。

街路樹のスズカケノキの下にはユッカ。ヤナギの下にはフェイジュアと和洋混合のグリーンデザイン。

客室から見るグリーン。ニセアカシア、タマシダ、ヤツデなど光を受けて透けるライトグリーンが美しい。

ルーフテラスのある客室。インテリアがテラスより一段下がり、座ったとき植物が周囲の景観を遮蔽する。

1階ロビー周り。インドアグリーンに囲まれたソファーラウンジに光が溢れ居場所をつくり出す。

溢れ出すみどり。適切な土厚（400mm以上）を確保できるジャカゴのプランターボックスの設計と挑戦的な管理手法により実現する。

　この建築の一角だけシンガポールのようである。壁面緑化を施した高層建築は散見されるが、現在でもこれほどまでに旺盛にみどりが溢れ出ている事例は珍しい。通常のビル管理の作法からすると、台風時の枝の落下や管理にお金がかかるなどのネガティブ要因が勝り、街路樹と同様に本来の樹形を無視して過度に剪定されて……というみどりの景観が提供されることがほとんどだ。関係者の方にその類の質問を投げかけたところ、「手間を惜しまず万全の管理を行う前提で、最大限のみどりを確保できる計画を施している」と。みどりを常に見ているということだと理解している。特定の愛情を持ったみどりの管理が存在してこそのこの景観なのである。

36 / みどりの流通で景観をつくる

eM／PARK BLDG.（神奈川県川崎市）
—— 古谷デザイン建築設計事務所

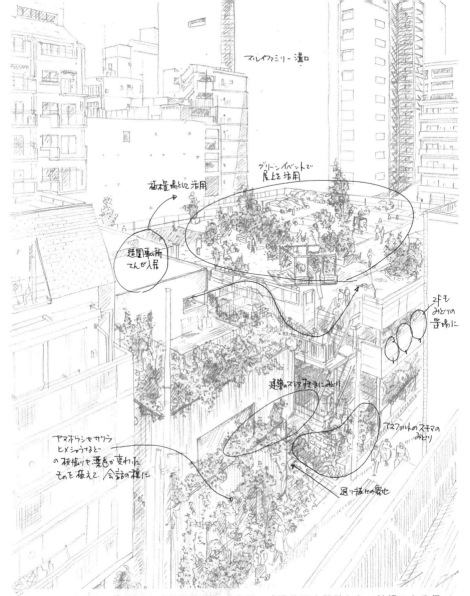

溝の口駅にほど近い立体駐車場の隣地に小規模の商業施設を設計した。地縁のある保育園やレストランを誘致し、周辺環境を改善する起点となる建築を目指している。その際、コストをかけて緑化のためのみどりを植えるのではなく、みどり事業（グリーンショップや造園業）の流通中継地として建築と駐車場が活用され、その流通の有り様がそのまま景観になることが意図されている。建築は大きなダルマ落としのような構成で、そのズレた隙間から植物が溢れ出す。そのコンクリートのダルマは粗野な仕上げで既存のまちに対峙、同類の文脈で駐車場アスファルトの隙間やフェンスからみどりが溢れ、周辺街路の隙間に商品としてのみどりが据え置かれる格好である。

当該敷地の立体駐車場および周辺ビルを所有するオーナーの、周辺住民の集まる商業施設をつくり溝の口のイメージを変えるようなまち並みづくりに貢献したいという考えに共鳴し設計が始まった。建築と駐車場の間の通路に隣り合う空間が馴染むように植え込まれた植栽は通り抜け利用を促し、建築の視覚的ボリュームの軽減に貢献している。建築と駐車場からお互いが見る見られるの関係を構築している。この場所を起点にみどりの点が周囲に広がり、周囲の緑地帯と接続されていく。そのように都市のすきまにみどりが埋まっていく様が溝の口らしいと考えた。

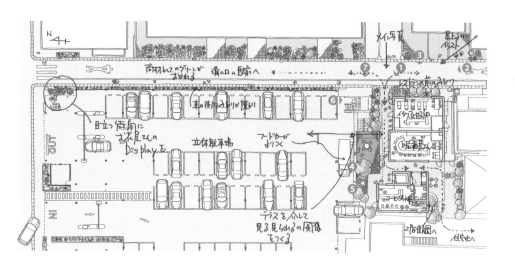

街路より見る建築と駐車場。将来的に駐車場の緑色のフェンスの代わりにみどりが置かれ植木市場のような外観を目指す。

建築のファサード。樹木の葉や枝が織り成す陰影とコンクリートにつけた凸凹の意匠が呼応する関係をつくる。

駐車場側より建築を見る。レベル差を生かしたテラスで両者を繋ぐ。シンボルツリーはカツラの銅葉。

手前の駐車場側には移動販売車（お弁当やお花）が停留する。溢れるみどりが建築の飲食店舗との一体感を演出する。

駐車場3階より見る街路と建築の関係。2階と3階でボリュームをずらし、その隙間に土壌をつくり植物を植え込んでいる。

駐車場の空地を利用した植物売り場。道路境界線を跨いで売り場環境が構築されている。

　自分のまちをどうにかしたいと思っても、1人のクライアント、1人の建築家ができることは限られるが、その限られた敷地に草木を植えれば通りに少しでも彩りを添えることができる。密集市街地で換気の良い集まれる場所がないのなら屋上スペースを活用してみてはどうだろうか。顕著な温暖化、災害の激甚化、ウィルスの蔓延。もう自分だけの空間を強固に囲って外に負荷を垂れ流すことを続けていては健全な社会生活を送れないということに皆気付いている。コモンスペース、シェアスペースの概念を拡充してライフスタイル（生業）と密着したまちづくりが必要だろう。溝の口では都市の隙間空間をみどりの流通場へと転換し、イギリスの「インクレディブ・エディブル」（食べられる植物を植えたコミュニティガーデン）のようなまち中にみどりが拡がるまちづくりを標榜する傍ら、周辺環境を良くしようとするなど各人の生活における環境文化の創造に寄与することを目指している。

下垂する植物が建築と融和する

崖の上の土の溜まりに育つ植物が下に垂れ下がりそれを見上げるような状況は、大きな樹木の葉裏を眺めるような感覚に近く、自然の中にいる感覚を想起させる。建築の高さやレベル差を利用してそれと似たようなみどりの空間をつくり出すことが可能。

ハギ
秋の七草の1つ。旺盛で大きく枝を伸ばし枝垂れて多数の赤紫の花を咲かせる。

コトネアスター
弓状にしなるように四方に枝を伸ばし、白い小花や赤い実を豊富につけ艶やかである。

ヘデラカナリエンシス
別名オカメヅタ。大葉のアイビーで強靭。軒下でも育ち、登攀も下垂もする。

アイビーゼラニウム
光沢のある葉を持ち下垂する。ヨーロッパの窓辺のフラワーボックスに植わる代表格。

集合住宅の中庭の事例。ハートアイビーが優雅に下垂しみどりの吹き抜け空間を演出する。

2階レベルに植栽マスを設けた事例。斑入りツルニチニチソウが外壁沿いに下垂することで野生的な印象に。

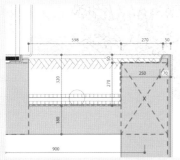

「eM/PARK BLDG.」の上階植栽マス詳細図。表層の土で大きな染をかくし立上りの見付を小さく（50mm）おさえる。

斜面に沿って配置された植栽マスにハイビャクシンやコトネアスターが下垂して水がこぼれ落ちるような印象をつくる。

バーデンベルギア

コチョウランを小さくしたような紫の花をたくさんつける。つるを伸ばして絡みつき大きくなる。

ツルニチニチソウ

別名ピンカミノール。耐寒性、耐陰性、耐乾性に優れ1年中鑑賞できる。

プルンバーゴ

別名ルリマツリ。旺盛に育ち、涼しげな青い花が印象的なシーンを一面につくる。

ハイビャクシン

地面を這うように育つのでグランドカバーに向く。乾燥に強いので壁面緑化にも利用される。

column2　ジブリ作品におけるみどりの空間学

私はジブリ作品をこよなく愛するものの1人である。このコラムでは以下の3点につき論考を進めてみたい。

日本人にとっての庭のような存在

庭園史から住まいと庭との関係を考えてみる。平安時代の寝殿造では広い南庭に自然の縮図をつくり釣殿で魚を釣るなど、住まいづくりの上で建築と庭が一対一くらいの関係で考えられていた。鎌倉期を経て、書院造の庭は凝縮された自然が濡れ縁に対峙し、コントロールした自然こそが庭であるという思想が広がっていった。さらに時代を経て、都市部の密集化によりその関係性は加速度的に変化し、地面を持たない住まいが半数以上を占める都市部では住まいと庭は切り離され、庭を介した自然との関係は断絶されたかのように感じられている。更に高気密高断熱の風潮により供給される住まいは外部環境を遮断し内部環境をコントロールすることを善としているため、自然はコントロールされていないと近づけないものとして認知が進んでいるようにも感じる（元々"畏れる"存在であったのが"怖ろしい"存在に変わっている）。

こうした背景がある中でジブリ作品は、いやいやそうじゃないでしょうと言ってくれている。

身近な庭（自然）を失おうとしている日本人に本当はこういうルーツを持っていて、森は怖くもあるけど優しくもあって、だからこんな居心地がいいんだと映像で伝えてくれる。過度な言い方かもしれないが、住まいに寄り添う庭のような役割をジブリ作品は担っているとも言えないか。『魔女の宅急便』のキキの生家がみどりに覆われ室内にも草花があふれ、みどりと生業（薬づくり）がリンクしているなど、みどりが建築と仲良くしている様が微笑ましく、こんな風にみどりに囲まれた生活がしてみたいと憧れる。『もののけ姫』では最後に荒んだタタラ場にみどりが還って居心地が良さそうだと感じる。

狭い庭にエアコンの室外機が置かれて所狭しと植え込まれたみどりに温風が降りかかる。それでも室外機に風降板を設けて温風がかからないようにして庭のみどりを楽しむ生活にチャレンジしようとする。そういう態度が必要だと教えてくれているような気がする。

みどりの空間を考える作法

建築の設計に際してどういう風にみどりを設計したら良いのか。敷地条件によって様々な回答があるが、その作法について解説したい。

まずクライアントにみどりの知識がないことが多い。また土地の区分所有意識の高まりと虫嫌いなどに象徴される無菌意識の高まりにより、植物に対するネガティブ思想が醸成されていることが前提にある。こうした中で設計者がいくらみどりがある方が生活の質が高まりますといってもどうにも空回りになる。

一方で少々方向性に危うさのある環境意識の高まりによって建築にみどりを付与したファサードのブームがある。みどりで建築を覆ったら環境配慮しているでしょうとアピールするファッションのようなみどりである。いわゆる緑化建築と言われるもので否定すべきものではないが、その手法がいきすぎるとかえって作法の悪さをアピールしているようで忍びない。

ジブリ作品は決して自然崇拝主義が貫かれているわけではない。人間が自然に悪さをしているからその末路は推して知るべしであると言っているわけでもない。作品の中での人と自然の扱い方のバランスが殊更に良い。例えば草を踏みしめるシーンを1つとっても、描かれている都市の風景や、一場面一場面における人、建築、みどりの分量など、歴史、畏敬、情景、居心地など全て含んだバランスの良い表現が連続している。これは住宅などの建築設計に通ずる部分でもある。何かこうでないとダメでしょうという押し付けがましさがない点が重要である。

だからクライアントにはこう説明をする。「この場所にこういうみどりの空間をつくりましょう」「周りのブラインドになるしまちにみどりも提供します」「管理はこうして楽しみに変えて、難しければ植木屋さんにこの頻度で入ってもらってください」「春は白い花が咲いて、実も食べられて秋は紅葉が美しく季節の中で生活していることを実感できます」「みどりは環境に慣れて根付けばどんどん大きくなって敷地境界を超えてしまったりしますが、その時々ご近所と均衡を図ってうまく付き合ってください」「2、3年もするとすっかり根付いてまちの顔になります。上を向けば葉裏が涼しげで下を向けば下草の小花が可憐に咲いています」と。いきなり最初から完成度を求めずに住みながら家と庭と住まい手が成長するイメージを湧かせるお手伝いができれば良い。

ラグジュアリーの民主化

　建築設計においてある特定の富裕者層しか味わえないラグジュアリーを提供することは先進事例をつくり建築史上のエポックをつくり上げるという点では価値がある。確かに歴史の教科書にはそのようなエポックが刻まれている事実があるので、そこを目指すのが建築家の性でもあるわけだ。それゆえに建築設計の世界はどちらかというと閉塞的でその高尚な価値のある学問体系を一般には理解されにくい構造がある。しかしこの令和の世の中において少し物足りなさを感じ

る。建築は大きく環境を左右する人為的活動であるため、その思想によって環境との折り合いの付け方が大きく左右される。多くの研究者がそれを真摯に研究し、もちろん一定の成果を上げていることは間違いがないが、実感が少ないのが実情ではないだろうか。

　ジブリ作品では建築設計ではなし得ていないこの"ラグジュアリーの民主化"をやってのけているように感じる。代表的な作者の1人である宮崎駿は日本人の民族性やアニミズム信仰の大切さ、これからの子ども達へのメッセージなど含めて多くの思想を持ち、それぞれの作品の登場人物と素敵なタッチの背景によって現代の人々が進むべき道を示唆している。難解に論じるのではなく、誰もがスッとイメージできるアニメーションという手法でラグジュアリー（特権階級だけが得られる豪華さという意味を超えた環境性を伴った快適性）を多くの視聴者に届けている。そういう点でこれからのみどりの空間のあるべき姿を人々の脳裏に焼き付けているとも言える。

　「ジブリのような家にしてください！」というクライアントが我々のところに訪れたことは、単に形態を模写するという意味合いを越えて自然とのフィット感、建築と周囲の関係性を優しく親密な雰囲気にして欲しいと読み替えさせていただいている。

室外に多くのみどりがあふれだすエクステリア

室内に多くのみどりが入り込んだインテリア

あとがき

　多くの方々の協力を得て出版に漕ぎ着けることができた。まずは関係者の方々に感謝を伝えたい。また遅筆であるが故、取材から大分時間がかかってしまったこともここでお詫び申し上げる。

　特に学芸出版社の古野咲月さんは、風に吹かれてふらふらと思考が行き来する私を的確な目で見守り続けてくれた。みどりの空間というと気持ちがどうしても観念的な方向に傾いてしまって、「ほら、このオオモミジの木陰のドウダンツツジがつくるこの辺りの木漏れ日の感じがいいでしょう！」といった情緒的な論調になる度に、「その木漏れ日は具体的にどういいのでしょうか？葉の大きさや形なども影響しているのでしょうか？」と指摘され、渋々書き直していると、いままでならできなかった言語化ができた。

　また、この本がなければ会うことのなかった方々との出会いは本当に宝である。多くの方々が「ここを取材してくれるならあそこも行ったほうがいいよ」とご紹介くださり、みんながみどりの空間が好きで共有したいと考えてくれていることを勝手に嬉しく感じていた。この楽しさがあるのなら大変さはひとまず置いておき、続編にもチャレンジしたい。まだまだ解説すべきみどりの空間がたくさんあり、いまもこの瞬間もその発想のタネは生まれていると感じるからだ。

　そこで我々はこの出版を機会に「みどりの空間工作所」を立ち上げることにした。古谷デザイン建築設計事務所という建築家アトリエとしての設計活動とは別軸で、本書で得たような自分以外の建築家、クリエーターが考えていることに寄り添い協業で場づくりを行なって行きたいという思いが募ったためでもある。様々な建築家の要望に寄り添い建築に骨格を与えていく構造設計家の立ち位置に近いものかもしれない。

　建築家同士の切磋琢磨も良いものだが、みどりの空間づくりに協力することで価値観を共有し、それによってデザインが点、線、面へと展開していく未来も感じている。

最後にフワフワしたした私についてきてくれる事務所スタッフに感謝を伝えたい。今回特に細かな編集作業を手伝ってくれた毛綱康三くんはお父様が著名な建築家で、なぜかうちの事務所に漂流し、設計業務の傍ら尽力してくれた。この作業も楽しいと言ってくれたことはとても励みになった。また、今回は自分の絵一本で頑張ると決めていたが、"植物図鑑"では弊社一番の古株・宮脇久恵さんのイラスト力が目を引く。ほかにも私の拙い文章力を補強してくれた植物愛好家の豊島香代子さん。そして休日は執筆に明け暮れる私を支え続けてくれた家族に最大の感謝を述べて結びとしたい。

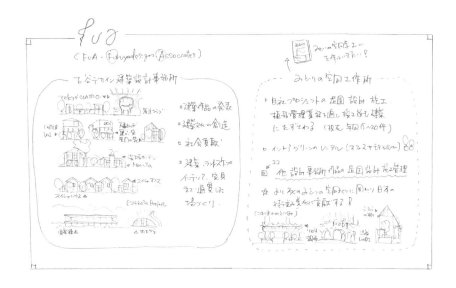

2022年 8月　古谷　俊一

掲載事例情報

01 Lunuganga

所在地 Dedduwa, Bentota 80500, Sri Lanka
WEB https://www.lunuganga.com/
設計者 Geoffrey Bawa
面 積 −
構 造 −
竣工/開業 （1947〜）1998年

02 スイシャハウス・スイシャオフィス

所在地 神奈川県川崎市
WEB −
設計者 古谷デザイン建築設計事務所
面 積 スイシャハウス 365.71m²
　　　　スイシャオフィス 50.59m²
　　　　合計 416.30m²
構 造 木造
竣工/開業 2021年

03 Raffles Hotel Singapore

所在地 1 Beach Rd, Singapore 189673
WEB https://www.raffles.com/singapore/
設計者 R.A.J.Bidwell
面 積 −
構 造 −
竣工/開業 −

04 狭山の森 礼拝堂

所在地 埼玉県所沢市大字上山口2050
WEB http://www.boenf.org/reien/
　　　　sayama/index.html
設計者 中村拓志&NAP建築設計事務所
面 積 110.49m²
構 造 鉄筋コンクリート造一部木造
竣工/開業 2014年

05 高台寺傘亭・時雨亭

所在地 京都府京都市東山区
　　　　高台寺下河原町526
WEB https://www.kodaiji.com/
設計者 伏見城の遺構（千利休好みの茶室）
面 積 −
構 造 木造
竣工/開業 −

06 東京クラシック 森のクラブハウス

所在地 千葉県千葉市若葉区和泉町364-20 他
WEB https://tokyo-classic.jp/
設計者 古谷デザイン建築設計事務所
面 積 352.00m²
構 造 鉄筋コンクリート造
竣工/開業 2016年

07 中心のある家

所在地 埼玉県所沢市
WEB −
設計者 ARTEC 阿部勤
面 積 102.00m²
構 造 鉄筋コンクリート造＋木造
竣工/開業 1974年

08 泰山館

所在地 東京都目黒区東が丘1-16-17
WEB http://www.taisankan.jp/
設計者 泉幸甫建築研究所
面 積 3,593.00m²
構 造 鉄筋コンクリート造
竣工/開業 1990年

09 House / shop F

所在地 愛知県名古屋市中村区横井2-141
WEB http://yokoni-plants.com/
設計者 木村松本建築設計事務所
面 積 251.31m²
構 造 木造
竣工/開業 2021年

10 インターバルハウス

所在地 東京都大田区
WEB −
設計者 古谷デザイン建築設計事務所＋
　　　　みどりの空間工作所
面 積 142.05m²
構 造 木造
竣工/開業 2019年

11 鵠沼ヴィレッジ

所在地　神奈川県藤沢市
WEB　－
設計者　[企画コンサルティング]
　　　　リビタ
　　　　[デザイン監修]
　　　　みどりの空間工作所
面　積　568.00㎡（敷地面積）
構　造　鉄筋コンクリート造（既存建物）
竣工/開業　2012 年

12 花木屋

所在地　東京都文京区根津 2-21-7
WEB　－
設計者　[企画・運営] 岡野廣美
面　積　33.05㎡
構　造　木造
竣工/開業　1993 年

13 みどり市

所在地　東京都大田区大森西 3-21-6
WEB　－
設計者　みどりの空間工作所
面　積　－
構　造　木造
竣工/開業　2019 年

14 南池袋公園

所在地　東京都豊島区南池袋 2-21-1
WEB　https://www.city.toshima.lg.jp/
　　　　340/shisetsu/koen/026.html
設計者　ランドスケープ・プラス
　　　　（リニューアル時）
面　積　7,811.50㎡（敷地面積）
構　造　－
竣工/開業　1951/2016 年（リニューアルオープン）

15 笑門の家

所在地　東京都大田区
WEB　－
設計者　古谷デザイン建築設計事務所＋
　　　　みどりの空間工作所
面　積　98.12㎡
構　造　木造（既存建物）
竣工/開業　2022 年

16 早稲田アリーナ

所在地　東京都新宿区戸山 1-24-1
WEB　https://www.waseda.jp/
　　　　top/news/71811
設計者　[基本計画・基本設計]
　　　　山下設計
　　　　[実施設計]
　　　　山下設計・清水建設設計共同企業体
　　　　[ランドスケープデザイン]
　　　　プレイスメディア
面　積　14,028.37㎡
構　造　鉄骨鉄筋コンクリート造
　　　　＋鉄筋コンクリート造＋鉄骨造
竣工/開業　2018 年

17 mitosaya 薬草園蒸留所

所在地　千葉県夷隅郡大多喜町大多喜 486
WEB　https://mitosaya.com/
設計者　[基本構想] 江口宏志
　　　　[設計] 中山英之建築設計事務所
面　積　268.68㎡
構　造　鉄筋コンクリート造一部鉄骨造
竣工/開業　2018 年

18 深大寺ガーデン

所在地　東京都調布市
WEB　https://www.maruta.green（レストラン Maruta）
設計者　[基本構想]
　　　　田丸雄一
　　　　[ランドスケープ]
　　　　グリーン・ワイズ
　　　　[設計]
　　　　古谷デザイン建築設計事務所
面　積　A 棟　367.98㎡
　　　　B 棟　245.24㎡
　　　　店舗棟　134.01㎡
構　造　木造
竣工/開業　2018 年

19 ロザ ヴェール

所在地　山梨県中巨摩郡昭和町上河東1323-2
WEB　https://www.komatsugarden.co.jp/
設計者　[基本構想]後藤みどり
　　　　[設計]古谷デザイン建築設計事務所
面　積　228.69m²
構　造　鉄骨造
竣工/開業　2014年

20　経堂の杜

所在地　東京都世田谷区桜2丁目
WEB　https://www.teamnet.co.jp/work/01.html
設計者　[コーディネート]チームネット 甲斐徹郎
面　積　1,689.00m²
構　造　鉄筋コンクリート造
竣工/開業　2000年

21　泉南動物病院

所在地　大阪府泉南郡熊取町紺屋2-1-3
WEB　https://www.sennan-ah.com/
設計者　古谷デザイン建築設計事務所＋
　　　　みどりの空間工作所
面　積　1,322.72m²
構　造　鉄骨造
竣工/開業　2019年

22　IDÉE SHOP 旧本店

所在地　東京都港区南青山6-1-16（現存せず）
WEB　https://www.idee.co.jp/
設計者　[プロデュース]黒﨑輝男
面　積　–
構　造　鉄骨造
竣工/開業　1995年

23　eatrip /
THE LITTLE SHOP OF FLOWERS

所在地　東京都渋谷区神宮前6-31-10
WEB　[eatrip] https://restaurant-eatrip.com/
　　　　[THE LITTLE SHOP OF FLOWERS]
　　　　https://store.thelittleshopofflowers.jp/
設計者　[運営]野村友里(eatrip)、
　　　　壱岐ゆかり(THE LITTLE SHOP OF FLOWERS)
面　積　–
構　造　木造
竣工/開業　2012年

24　ラ コリーナ近江八幡

所在地　滋賀県近江八幡市北之庄町615-1
WEB　https://taneya.jp/la_collina/
設計者　藤森照信＋中谷弘志
面　積　1,394.70m²
構　造　鉄筋コンクリート造＋鉄骨造＋木造
竣工/開業　2014年 / 2015年

25　黒龍酒造 酒樂棟

所在地　福井県吉田郡永平寺町下浄法寺12-17
WEB　https://eshikoto.com/
設計者　古谷デザイン建築設計事務所
面　積　1502.05m²
構　造　鉄骨造
竣工/開業　2022年

26　ひとともり奈良本店

所在地　奈良県奈良市福智院町1-3
WEB　https://hitotomori.net/
設計者　ひとともり一級建築士事務所
面　積　165.31m²
構　造　木造
竣工/開業　2019年

27　東京クラシック 馬主クラブ棟

所在地　千葉県千葉市若葉区和泉町281 他
WEB　https://tokyo-classic.jp/
設計者　古谷デザイン建築設計事務所
面　積　385.90m²
構　造　木造
竣工/開業　2016年

28 名護市庁舎

所在地　沖縄県名護市港1-1-1
ＷＥＢ　https://www.city.nago.okinawa.jp
設計者　象設計集団＋アトリエ・モビル（共同設計）
面　積　7,351.80m²
構　造　鉄筋コンクリート造
竣工/開業　1981年

29 渋谷モディ

所在地　東京都渋谷区神南1-21-3
ＷＥＢ　https://www.0101.co.jp/721/
設計者　[設計]
　　　　エイムクリエイツ
　　　　[設計（ファサード）監理]
　　　　古谷デザイン建築設計事務所
面　積　15,762.30m²
構　造　鉄骨鉄筋コンクリート造（既存建物）
竣工/開業　2015年

30 ホテルムーンビーチ

所在地　沖縄県国頭郡恩納村字前兼久1203
ＷＥＢ　https://www.moonbeach.co.jp/
設計者　国場幸房＋国建
面　積　11,976.00m²
構　造　鉄筋コンクリート造
竣工/開業　1975年

31 Gardens by the Bay

所在地　18 Marina Gardens Drive,
　　　　Singapore 018953
ＷＥＢ　https://www.gardensbythebay.com.sg/
設計者　Grant Associates
面　積　1,010,000m²
構　造　鉄筋コンクリート造＋鉄骨造＋木造
開業年　2012年

32 Heritance Kandalama

所在地　Heritance Kandalama 11,
　　　　Dambulla 21106, Sri Lanka
ＷＥＢ　https://www.heritancehotels.com/
　　　　kandalama/
設計者　Geoffrey Bawa
面　積　-
構　造　鉄筋コンクリート造
竣工/開業　1994年

33 アクロス福岡

所在地　福岡県福岡市中央区天神1-1-1
ＷＥＢ　-
設計者　[基本構想]
　　　　日本設計＋竹中工務店＋Emilio Ambasz
　　　　[設計]
　　　　日本設計＋竹中工務店
面　積　10,662m²
構　造　鉄骨鉄筋コンクリート造＋鉄骨造
竣工/開業　1995年

34 東急プラザ表参道原宿

所在地　東京都渋谷区神宮前4-30-3
ＷＥＢ　http://omohara.tokyu-plaza.com/
設計者　[設計]
　　　　中村拓志&NAP建築設計事務所＋
　　　　竹中工務店
　　　　[運営]
　　　　東急不動産SCマネジメント
面　積　11,852.34m²
構　造　鉄骨造一部鉄骨鉄筋コンクリート造＋
　　　　鉄筋コンクリート造
竣工/開業　2012年

35 HAMACHO HOTEL& APARTMENTS

所在地　東京都中央区日本橋浜町3-20-2
ＷＥＢ　https://hamachohotel.jp/
設計者　[設計] 松田平田設計
　　　　[デザイン監修] UDS＋the range design
　　　　[ホテル内装設計] UDS＋the range design
　　　　[植栽計画] DAISHIZEN SOLSO
　　　　[プロデュース] 安田不動産
面　積　13,010.79m²
構　造　鉄筋コンクリート造
竣工/開業　2019年

36 eM/PARK BLDG.

所在地　神奈川県川崎市高津区久本3-1-14
ＷＥＢ　https://empark.jp/top.html
設計者　古谷デザイン建築設計事務所
面　積　393.88m²
構　造　鉄筋コンクリート造一部鉄骨造
竣工/開業　2021年

古谷 俊一 (ふるや・しゅんいち)

1974年東京都生まれ。1997年明治大学理工学部建築学科卒業、2000年早稲田大学理工学研究科建築専攻 石山修武研究室修了。IDÉE、都市デザインシステム(現UDS)を経て、2009年古谷デザイン建築設計事務所設立。2022年みどりの空間工作所設立。2020年〜京都芸術大学客員教授、2021年〜共立女子大学非常勤講師。主な受賞に、「深大寺ガーデン レストラン Maruta」で日本空間デザイン賞2020大賞、日本経済新聞社賞、「深大寺ガーデン」で第18回環境・設備デザイン賞都市・ランドスケープデザイン部門最優秀賞、JIA環境建築賞 入賞。「インターバルハウス」でKMEW DESIGN AWARD 2019最優秀賞 竹原賞。「東京クラシッククラブ 森のクラブハウス・馬主クラブ棟」で2017年 日本建築設計学会賞など。著書に『みどりの建築術』(2018年、枻出版社)。

写真のクレジット

以下の特記なき場合は著者撮影。

山内紀人／「スイシャハウス・スイシャオフィス」すべて、「東京クラシック 森のクラブハウス」すべて、「インターバルハウス」のうちp.48と写真1、「東京クラシック 馬主クラブ」のうちpp.134-135のすべて、「eM/PARK BLDG.」すべて、「植物図鑑1-1」のうちp.34とp.35左上、「植物図鑑2-3」のうちp.122、「植物図鑑3-1」すべて、1部扉と3部扉の背景写真

中山保寛／「インターバルハウス」のうち写真2〜5、「笑門の家」すべて、「泉南動物病院」のうち写真3と写真5〜7、「黒龍酒造 酒樂棟」すべて、「植物図鑑1-2」すべて、「植物図鑑1-3」のうちp.70、「植物図鑑2-1」のうちp.86とp.87の左上、「植物図鑑2-2」のうちp.104、「植物図鑑2-3」のうちp.123の左上

鈴木拓也／「鵠沼ヴィレッジ」のうちp.54と写真2〜3および写真5〜7、「渋谷モディ」のうち写真6以外すべて、「植物図鑑3-2」のうちp.159の左上

牛尾幹太／「ロザ ヴェール」のうちp.92と写真1・4・7、「植物図鑑2-2」のうちp.105の右上

新建築社 写真部／「深大寺ガーデン」のうちp.88と写真1、カバー写真

グリーン・ワイズ／「深大寺ガーデン」のうち写真7

チームネット／「経堂の杜」のうち写真1・2・7

IDÉE／「IDÉE SHOP 旧本店」すべて

みどりの空間学 36のデザイン手法

2022年9月10日 第1版第1刷発行
2024年3月30日 第1版第3刷発行

著者　　　古谷俊一

発行者　　井口夏実

発行所　　株式会社学芸出版社
　　　　　京都市下京区木津屋橋通西洞院東入
　　　　　電話075-343-0811　〒600-8216
　　　　　http://www.gakugei-pub.jp/
　　　　　info@gakugei-pub.jp

編集　　　古野咲月

営業　　　中川亮平

装丁・DTP　赤井佑輔、清野萌奈 (paragram)

印刷・製本　シナノパブリッシングプレス

※本文の内容は2022年8月現在の情報です

カフェの空間学 世界のデザイン手法　Site specific cafe design

加藤匡毅・Puddle 著

A5 判・184 頁・本体 3000 円＋税　ISBN 978-4-7615-3250-5

本書は世界中のカフェを集めた空間デザイン資料集。新築／リノベーションを問わず多様な事例を紹介。ディテールを含む豊富な写真、平面図とスケッチを用い、設計者の視点から優れたデザイン的工夫を読み解き、その場にとどまらない街に波及するデザインについても考察。設計者はもちろん、カフェオーナーも必携の 1 冊。

緑のデザイン　住まいと引き立てあう設計手法

園三 著

B5 変判・192 頁・本体 3200 円＋税　ISBN 978-4-7615-3263-5

室内外の連続性・境界・奥行きを際立たせる木の選び方。緑の構図や木洩れ日で人をもてなす豊かな動線とシークエンス。下草や低木で馴染ませるまち並みとの接点。香りや味わい、音や足触りで愉しませる暮らしのシーン。自在なバリエーションで場の価値を引き出す庭づくりの設計アプローチと実践にもとづく技術を豊富に収録。

図解　パブリックスペースのつくり方
設計プロセス・ディテール・使いこなし

忽那裕樹・平賀達也・熊谷玄・長濱伸貴・篠沢健太 編著

B5 横判・144 頁・本体 3500 円＋税　ISBN 978-4-7615-3269-7

公園、水辺、駅前広場などのパブリックスペース。場づくりの仕組みParkPFI などを活かしつつ、施主や関係者の理想を丁寧に形にしている先行事例をもとに、設計プロセス、ディテール、さらに竣工後の関わり方まで解説。平面・断面・詳細図や写真と豊富な図解資料の隅々から伝わる、徹底的な設計の工夫。

開放系の建築環境デザイン　自然を受け入れる設計手法

末光弘和＋末光陽子／SUEP.、九州大学大学院末光研究室 著

B5 変判・156 頁・本体 3200 円＋税　ISBN 978-4-7615-3280-2

自然と共生する建築を目指す SUEP. が、環境技術と建築デザインを結びつける 32 事例を紹介。建物を閉じて性能や数字だけを満たすのではなく、外部とうまく接続する「開放系」の建築環境は実現できないか？風・熱・光から生態系、資源循環まで、環境シミュレーションや詳細図も豊富に掲載した、現代の設計者必見の書。

実測　世界のデザインホテル

寶田 陵 著

A4 変判・96 頁・本体 3200 円＋税　ISBN 978-4-7615-3247-5

海外 50 都市、200 以上のデザインホテルを訪れた著者のスケッチ集から、41 ホテルを厳選、実測図・写真・文章で設計のポイントを解説。ライフスタイルやコンセプトを間取り、素材、ディテールの隅々に反映させた、最先端の設計をプロの目線がとらえた。"オンリーワンホテル"を目指すホテル事業者、企画・設計者必携の一冊。

中村好文　百戦錬磨の台所　vol.1

中村好文 著

B5 判・128 頁・本体 2700 円＋税　ISBN 978-4-7615-2753-2

これまで 300 軒以上の住宅を手がけてきた中村好文さん。食いしん坊で料理好きの建築家は、クライアントの多様な食生活に応える台所に知恵と工夫を注いできた。本書に登場する住まい手は、自慢の台所を生き生きと使いこなし、料理と食事を大切にする暮らしを楽しむ。そんな幸福な台所の日常を、豊かな文章、写真、図面で紹介。

中村好文　百戦錬磨の台所　vol.2

中村好文 著

B5 判・144 頁・本体 2700 円＋税　ISBN 978-4-7615-2798-3

住宅建築家、中村好文さんが理想とするのは、散らかっても使い倒してもへこたれない大らかな台所。本書は、大量の食器・道具を美しく仕舞える収納、大きな魚を捌けるシンク、自然と人が集まるアイランドカウンターなど、使いやすく工夫された台所の数々を、住まい手の使いこなしぶり、職人と語らう製作の舞台裏も交えて紹介。

暮らしのシーン別　照明設計の教科書

福多佳子 著

B5 変判・216 頁・本体 3200 円＋税　ISBN 978-4-7615-3275-8

暮らしをいろどるシーン別照明計画のバリエーションを詳解した実践的入門書。知っておきたい基礎知識や多灯分散照明を実践しやすい照明器具の選定方法、照明手法の組み合わせ方から、直感的に理解できる 3D 照明計算の事例や写真までを豊富に掲載。雰囲気をつくるだけでなく、心地よさも得られる照明計画のコツを体得しよう！